电力新质生产力
与浙江新型电力系统建设

国网浙江省电力有限公司　组编

中国电力出版社
CHINA ELECTRIC POWER PRESS

内 容 提 要

本书结合发展新质生产力的时代背景，提炼国网浙江省电力有限公司发展建设经验，首次提出电力新质生产力概念内涵，阐述了电力新质生产力与新型电力系统建设的内在关系，系统性提出省级示范区建设体系框架与重点发展任务，科学描绘浙江能源电力发展蓝图。全书共四章，分别为电力新质生产力概述、电力新质生产力关键技术、电力新质生产力引领新型电力系统高质量发展、电力新质生产力发展与落地实践。

本书可供电力系统规划、运行、科研及工程建设等领域从业者阅读参考。

图书在版编目（CIP）数据

电力新质生产力与浙江新型电力系统建设 / 国网浙
江省电力有限公司组编. -- 北京 ：中国电力出版社，
2025．4. -- ISBN 978-7-5198-9815-1

Ⅰ．F426.61

中国国家版本馆 CIP 数据核字第 2025V63G60 号

出版发行：中国电力出版社
地　　址：北京市东城区北京站西街 19 号（邮政编码 100005）
网　　址：http://www.cepp.sgcc.com.cn
责任编辑：赵　杨（010－63412287）
责任校对：黄　蓓　常燕昆
装帧设计：张俊霞
责任印制：石　雷
印　　刷：北京九天鸿程印刷有限责任公司
版　　次：2025 年 4 月第一版
印　　次：2025 年 4 月北京第一次印刷
开　　本：710 毫米×1000 毫米　16 开本
印　　张：5.25
字　　数：60 千字
定　　价：42.00 元

前　言

　　2023 年 9 月，习近平总书记首次提出"新质生产力"。新质生产力是传统生产力的能级跃升，以科技创新为根本驱动、以绿色发展为基本方向、以新兴产业为主要载体，带来全要素生产率大幅提升。新型电力系统作为新型能源体系的重要组成部分，既是支持新质生产力发展的安全基础，也是能源领域培育新质生产力的重要抓手。

　　党的二十大报告中提出"深入推进能源革命""加快规划建设新型能源体系""确保能源安全"。党的二十届三中全会指明进一步全面深化改革方向，强调要加快规划建设新型能源体系，健全因地制宜发展新质生产力体制机制。2024 年 8 月，国家三部委联合发布《加快构建新型电力系统行动方案（2024—2027 年）》（简称行动方案），开展 9 项专项行动，加快推进新型电力系统建设取得实效，为实现碳达峰目标提供有力支撑。

　　在"电等发展"重要嘱托提出满二十余载，"两山"❶理念迎来二十周年之际，国网浙江省电力有限公司（简称"浙江电力"）作为"三地一窗

---

❶ 绿水青山就是金山银山。

口一示范"❶，坚定扛牢"走在前、挑大梁、作示范"的使命担当，全面贯彻党的二十届三中全会深化改革要求，积极落实行动方案，高质量建设"两个示范"❷。本书结合发展新质生产力的时代背景，提炼浙江电力发展建设经验，首次提出了电力新质生产力概念内涵，阐述了电力新质生产力与新型电力系统建设的内在关系。浙江电力瞄准浙江"一个集群"资源特征，即山海多能互补电源集群，发挥浙江"两个枢纽"基础优势，即华东电网互联互济枢纽和能源智慧调节枢纽；紧扣绿色、安全、经济转型方向，创新构建大受端下大消纳、大枢纽下大调节、大经济下大支撑"三大场景"，系统性提出省级示范区建设体系框架与重点发展任务，科学描绘浙江能源电力发展蓝图。实施"十大标志性工程"❸，以技术创新、体制机制创新，奋力服务能源电力高质量发展，发挥"大国重器"和"顶梁柱"作用。

编　者

2024 年 8 月

---

❶ "三地一窗口一示范"："三地"指中国革命红船起源地、"两山"理念的发源地、习近平新时代中国特色社会主义思想的重要萌发地；"一窗口"指新时代全面展示中国特色社会主义制度优越性的重要窗口；"一示范"指国家共同富裕示范区。

❷ "两个示范"指打造具有中国特色国际领先的能源互联网企业示范窗口、建设新型电力系统省级示范区。

❸ "十大标志性工程"：① 资源配置型坚强主网和高效互动型新型配电网；② 可靠充裕、清洁低碳的电力供应体系；③ 科学合理的多元价格体系；④ 需求导向的"数字浙电"；⑤ 安全经济、智慧高效的新型调度体系；⑥ 多元储能科学开发局；⑦ 需求侧灵活资源智能互动体系；⑧ 全域能效服务体系；⑨ 本质安全、智能高效的现代设备管理体系；⑩ 新型电力市场。

目　录

第一章　电力新质生产力概述

发展新质生产力是推动高质量发展的内在要求和重要着力点。能源电力行业既是新质生产力发展的支撑保障，又具有率先发展、带动新质生产力演进的基础优势。需要在新型电力系统建设实践过程中，贯彻落实党和国家关于新质生产力发展的战略要求，抓住新型电力系统建设契机，催生和培育电力新质生产力。将新质生产力的时代内涵、核心要义、本质特征融入电力发展，促进新型电力系统安全、绿色、经济转型，高质量构建新型能源体系。

第一节　新质生产力概述

1. 新质生产力内涵特征

新质生产力是创新起主导作用，摆脱传统经济增长方式、生产力发展路径，具有高科技、高效能、高质量特征，符合新发展理念的先进生产力质态。它由技术革命性突破、生产要素创新性配置、产业深度转型升级而催生。它以劳动者、劳动资料、劳动对象及其优化组合的跃升为基本内涵，以全要素生产率大幅提升为核心标志，特点是创新，关键在质优，本质是先进生产力。它强调创新驱动不仅包括技术和业态模式层面的创新，还包括管理和制度层面的创新。新质生产力是数字时代更具融合性、更体现新内涵的生产力，有助于提高产业的竞争力，推动经济可持续发展。

2. 新质生产力发展历程

2023 年 9 月，习近平总书记在黑龙江考察调研期间两次提出"新质生产力"这一重要概念。习近平总书记指出，"整合科技创新资源，引领发展战略性新兴产业和未来产业，加快形成新质生产力。""积极培育新能源、新材料、先进制造、电子信息等战略性新兴产业，积极培育未来产业，加快形成新质生产力，增强发展新动能。"

2024 年 1 月 31 日，中共中央政治局第十一次集体学习时提出"发展新质生产力是推动高质量发展的内在要求和重要着力点""新质生产力已经在实践中形成并展示出对高质量发展的强劲推动力、支撑力"。

2024 年政府工作报告将"大力推进现代化产业体系建设，加快发展新质生产力"列为当年工作任务第一条。2024 年 3 月 5 日，习近平总书记参加十四届全国人大二次会议江苏代表团审议时强调："要牢牢把握高质量发展这个首要任务，因地制宜发展新质生产力。""加大创新力度，培育壮大新兴产业，超前布局建设未来产业，完善现代化产业体系。""用新技术改造提升传统产业，积极促进产业高端化、智能化、绿色化。"

2024 年 7 月 21 日，党的二十届三中全会审议通过《中共中央关于进一步全面深化改革、推进中国式现代化的决定》明确提出，"健全因地制宜发展新质生产力体制机制""健全相关规则和政策，加快形成同新质生产力更相适应的生产关系，促进各类先进生产要素向发展新质生产力集聚，大幅提升全要素生产率"。

新质生产力发展历程如图 1-1 所示。

| 2023年9月 | 2024年1月 | 2024年3月 | 2024年7月 |
| 加快形成
新质生产力 | 加快发展
新质生产力 | 因地制宜发展
新质生产力 | 健全因地制宜发展
新质生产力体制机制 |

图 1-1　新质生产力发展历程

3. 新质生产力发展要求

党和国家高度重视新质生产力发展，特别是在当前数字化、智能化迅猛发展的时代背景下，新质生产力发展具有重要的战略意义。电力作为现代社会发展的重要组成部分，对于保障新质生产力的发展具有不可替代的作用，同时在新质生产力要求的新兴技术领域和重要发展方向上也具备率先突破的基础和优势。

（1）着力推进发展方式创新。绿色发展是高质量发展的底色，新质生产力本身就是绿色生产力。新质生产力发展要求能源电力领域加快绿色科技创新和先进绿色技术推广应用，构建清洁、低碳、高效的电力供应体系，实现能源资源的优化配置和高效利用，为社会发展提供绿色、可持续的电力保障。壮大绿色能源产业，发展绿色低碳产业和供应链，不断深化产业绿色转型，提升清洁能源占比，助力碳达峰碳中和。

（2）大力推进科技创新。新质生产力主要由技术革命性突破催生而成。科技创新能够催生新产业、新模式、新动能，是发展新质生产力的核心要素。要聚焦国家战略和经济社会发展现实需要，以关键共性技术、前沿引领技术、现代工程技术、颠覆性技术创新为突破口，培育发展新质生产力的新动能。要求能源电力领域围绕新能源消纳、大受端电网安全稳定控制等重要方面，开展技术攻关，布局未来产业，大力培育"专精特新"新型模式。大力促进科技创新，通过揭榜挂帅、开放命题等研究模式，在成果转化上"一地创新、全省推广"。

（3）深化人才工作机制创新。畅通教育、科技、人才的良性循环，完善电力人才培养、引进、使用、合理流动的工作机制。深化"德才兼备、以德为先"选人用人导向，为发展新质生产力、推动高质量发展培养急需人才。健全电力人才体系，培养专家、大师、工匠等高端电力人才，打造核心业务"干得好、管得精、带得优"的核心队伍。激发劳动、知识、技术、管理、资本和数据等生产要素活力，更好体现知识、技术、人才的市场价值，营造鼓励创新、宽容失败的良好氛围。

（4）扎实推进体制机制创新。生产关系需要与生产力发展要求相适应。新质生产力既需要政府超前规划引导、科学政策支持，也需要市场机制和企业、用户等微观主体不断创新，由政府"有形之手"和市场"无形之手"共同培育和驱动形成。要求能源电力领域加快市场化改革，按照"统一开放、竞争有序、安全高效、治理完善"的原则，推动健全电力市场。创新生产要素配置方式，让各类先进优质生产要素向发展新质生产力顺畅流动。

（5）以科技创新推动产业创新。科技成果转化为现实生产力，表现形式为催生新产业、推动产业深度转型升级。电力新质生产力的价值创造模式，就是将能源电力领域的科技创新成果应用到具体产业和产业链上，完善现代化产业体系，从而不断提高电力产业链、供应链韧性和安全水平，壮大产业生态圈。聚焦聚力主责主业，推动各类资源和要素向核心业务、擅长领域集中，加快新兴产业、省管产业转型发展，持续提升核心竞争力、可持续发展能力和价值创造力。

第二节 电力新质生产力内涵

党的二十大报告强调"要积极稳妥推进碳达峰碳中和，深入推进能源革命，加快规划建设新型能源体系"，这为新时代我国能源电力高质量跃升式发展指明了前进方向，提出了更高要求。

为完整、准确、全面贯彻落实党中央决策部署，浙江电力积极践行"双碳"战略，推动构建新型能源体系，新型电力系统因地制宜发展电力新质生产力，突出技术创新和体制机制创新，主动支撑能源电力高质量发展。

电力新质生产力是新质生产力在电力领域表现形式。它由电力技术革命性突破、电力生产要素创新性配置、电力产业深度转型而催生，以电力技术、人才、基础设施、能量来源及其优化组合的跃升为基本内涵，以电力生产、传输、消费全链条的生产效率大幅提升为核心标志。在技术、业态、机制的多重创新驱动下，它将持续向绿色低碳、安全充裕、质效提升、生态集群四个重要演进方向转型，全面推动新型电力系统高质量建设。

第三节 电力新质生产力演进方向

浙江电力在电力新质生产力发展过程中，始终牢记习近平总书记"宁肯电等发展，不要发展等电"重要嘱托，围绕"新质生产力本身就是绿色生产力""提升产业链供应链韧性和安全水平""关键在质优""生产要素创新性配置、产业深度转型升级"等重要论述，通过电力全要素及其优化组合的创新带动能源行业的全要素生产率大幅提升。

"新质生产力本身就是绿色生产力"要求电力领域绿色低碳，明确了电力新质生产力的发展主线。整体上，新能源技术将协同传统能源清洁转型技术，支撑能源绿色低碳生产；电网全环节节能技术、降损技术将支撑能源绿色低碳传输；绿色制造技术、绿色交通技术将支撑能源绿色低碳消费；绿电、绿证和碳交易多市场协同，将发现绿色能源的环境价值。对浙江而言，大受端、大分布、大海风、大核电、大抽水蓄能集群特性显著，应通过汇集互补、配额储能、精准预测等举措提升新能源出力置信度；应大力促进沿海核电、抽水蓄能、友好型新能源电站一体化建设，形成调节能力集群，提升清洁能源大消纳、大调节能力，为发展绿色生产力、壮大绿色能源产业作出应有的贡献。

"提升产业链供应链韧性和安全水平"要求电力领域安全充裕，明确了电力新质生产力的核心关键。整体上，电力系统高比例可再生能源和高比例电力电子设备的"双高"特性日益凸显，系统运行机理将产生显著变化。与同步机为主体的电力系统相比，未来电力系统中传统能源调节技术、柔性负荷互动技术共同保障系统动态平衡，主配网协同互补技术支撑系统安全稳定，沿海核电、海上风电、大容量储能电站发展支撑电力充裕供应。对浙江而言，从端牢能源电力饭碗出发，将在特高压交直流、新能源主动支撑、多站集成、防灾抗灾等领域加快技术突破，打造强交强直骨干主网架和坚强灵活配电网，夯实电力数字底座，持续加强信息聚合程度、监控分析能力和资源调配速度，安全承载新要素、新业态。

"关键在质优"要求电力领域质效提升，明确了电力新质生产力的内驱力量。整体上，科学满足能源电力的合理需求，推动源网荷储协调发展、多能互补，各类主体友好互动，提高能源配置和综合利用效率，推进能源电力持续高质量、健康发展。对浙江而言，要充分利用数字经济发展超前的优势，深化电力领域数字化、智能化技术应用，创新生产要素组合模式，激发绿色电力产业发展动力。加快5G、量子技术、人工智能、区块链、大数据、云计算等数字技术创新和聚合衍生，推动电网数字化、智能化，优化电能资源配置和调节能力配置；强化智能化管控，推动数据融合，实现企业经营提质增效；以电力数据为核心实现电能碳全过程监测与核算，助力能耗双控向碳排放双控转型。

"生产要素创新性配置、产业深度转型升级"要求电力领域生态集群化发展，明确了电力新质生产力的合作组织模式。整体上，组织构建符合省情网情的电力市场，加快融入全国统一的电力市场，通过中长期市场稳定电力价格预期，通过现货市场灵活反映实时供需情况，通过辅助市场反映调节、应急能力价值，形成传统电源、新能源构建公平竞争机制；健全车联网、新型储能等各领域技术标准及管理规范，促进多类型业态通过市场参与系统安全、绿色、经济动态平衡。对浙江而言，超前引导电力市场与技术融合，推进"电力市场+"车联网、配电网、虚拟电厂、新型储能、需求响应等领域创新技术突破，通过促进创新链和产业链精准对接，串珠成链、聚链成群、集群成势，孕育出新产业、新业态、新模式，形成具有国际竞争力的绿色能源集群。

第二章　电力新质生产力关键技术

电力新质生产力发展动力是创新，发展方向是极大提升电力领域生产效率、降低生产成本，同时确保电力系统安全稳定。浙江电力围绕电力生产力绿色低碳、安全充裕、质效提升、生态集群四个演进方向，充分结合国家"双碳"目标、新型电力系统等战略部署，明确近期重点攻关、中期重要突破、远期重大颠覆三个阶段，提出 47 项有助于显著提升电力生产效能的关键技术。近期，从当前到2030年，创新35项技术，围绕电源供给、新能源并网、大电网、配电、用电、储能、共性支撑等方面重点攻关；中期，从2030年到2045年，创新7项技术，在大规模海上风电组网、漂浮式风电、跨区电能互济、量子计算、人工智能、规模化电氢耦合建设及碳捕集、利用与封存（carbon capture，utilization and storage，CCUS）等方面形成突破；远期，从2045年到2060年，创新5项技术，向清洁可控无限电力生产、近零损耗经济电力传输、无人干预型智慧电力调度、超高能量密度电力存储、全领域电气化终端消费等方向延伸。

电力新质生产力关键技术全景如图2-1所示。

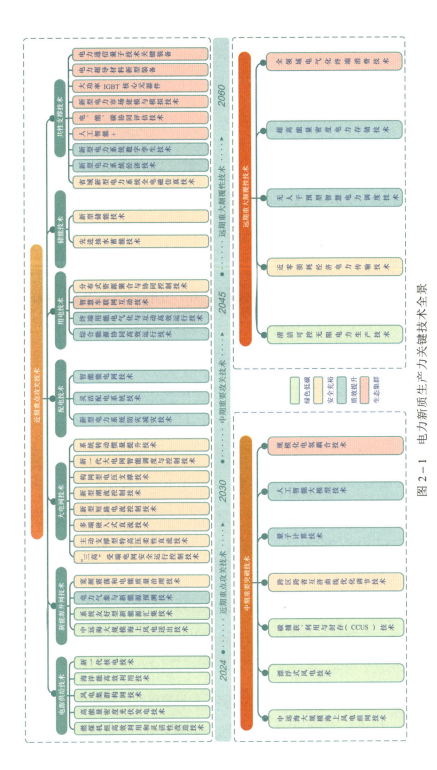

图 2 - 1　电力新质生产力关键技术全景

第一节 近期重点攻关技术（2024—2030年）

1. 电源供给技术

（1）燃煤机组高效利用和灵活性改造技术。

1）技术简述：燃煤机组灵活性改造技术，通过燃烧优化和余热回收利用，大幅提高燃煤机组的能源转化效率。发电煤耗从改造前超临界机组的320g/kWh标准煤降低至超超临界机组250～300g/kWh标准煤，降幅达20%以上；通过安装快速启停装置、改进汽轮机控制系统等技术，可以在几分钟内实现从满负荷运行到低负荷甚至零负荷的快速切换，响应速度大幅提高；通过迭代锅炉低负荷稳燃、低压缸零出力、水储热、热电解耦等技术，推动在不助燃工况下锅炉最低稳燃能力从50%下探至20%～30%额定出力，且能安全稳定运行。

2）浙江应用前景：2023年底，浙江煤电总装机容量5035万kW，燃煤机组高效利用和灵活性改造技术可以进一步降低煤耗，按照调节幅度从最低50%出力向30%发展，系统调节能力可以增加1000万kW。

（2）高能量密度光伏发电技术。

1）技术简述：高能量密度光伏发电技术通过提高单位面积的光伏组件功率输出，实现更高效的能量转换和利用。迭代光伏设备，通过N型电池及单结钙钛矿电池、晶硅/钙钛矿叠层电池、全钙钛矿叠层电池、柔性薄膜/钙钛矿叠层电池、纳米级3D打印钙钛矿电池等钙钛矿叠层太阳能电池等高效率光伏技术，逐步取代市场主流的P型电池、单晶硅电池，晶硅－钙钛矿叠层电池可将太阳能利用效率从 18%～22%提升至 30%以上，实现在同等建设面积情况下，发电能力大幅提升。

2）浙江应用前景：2023 年底，浙江光伏装机 3357 万 kW，若中远期将存量光伏进行设施置换，在利用土地不变的情况下，存量光伏装机可以达到 5000 万 kW 以上，提升新能源发电效率。

（3）风电集群构网技术。

1）技术简述：风电集群构网技术是一种面向构网型风力发电机/风电场集群的新型组网互联技术，该技术可自主构建电网稳态运行所需的频率和电压，在出力变化和电网故障等扰动下能够支撑母线电压和系统频率，并抵抗其偏移和失稳。构网型风力发电机主要采用下垂控制、虚拟同步发电机控制、匹配控制等技术实现电压控制、相位同步，并能够根据各种负载的需求实时调整出力。同时通过优化风电场的布局、运行策略和提高风能捕获率，构网风电集群能够在数秒内响应电网功率变化需求，将风电功率波动控制在较小范围内，为可再生能源的大规模发展和电力系统的绿色低碳转型注入强大动力。

2）浙江应用前景：浙江拥有全国最长海岸线，远景海上风电理论可开发量大，可开发形成海上风电群，采用构网技术后，风电集群的年发电量可提高 10%～20%；系统频率偏差的标准差可以从原来的±0.1Hz 降低到±0.05Hz。同时采用集群构网后可采用不控整流实现交直流变换，大大降低海上平台的投资。

（4）海洋能高效利用技术。

1）技术简述：海洋能高效利用技术是为充分开发利用海洋资源的先进技术手段，通过海洋风电、光伏、波浪能、潮汐能等可再生能源对海水直接制氢，无淡化、额外催化剂、海水输运和污染物处理过程，效率最好，应用前景最广。考虑设备投入、折旧、人工运维和电耗成本，海水制氢成本为 16～21 元/kg，低于天然气制氢成本 20～24 元/kg。同时，若未来新能源市场化后出现低价消纳需求，成本将进一步下降。

2）浙江应用前景：浙江海洋可再生能源丰富，可开发潮汐能的装机容量占全国的 40%，潮流能占全国一半以上，海洋绿电制氢未来可能发展为千亿级产业。

（5）新一代核电技术。

1）技术简述：第四代核电技术是当前核电技术发展的前沿，旨在通过技术创新提升核电的安全性、经济性和可持续性。我国高温气冷堆已有商业示范电站，钠冷快堆正在建设示范工程，其相比第三代具有更高的热效率，其中高温气冷堆的发电效率比第三代压水堆高约 10%。通过简化设计、减少建造时间和运营成本，整体经济效益大幅提升；通过改进燃料循环和设计，实现核燃料的利用率大幅提高，有效减少核废料的产生。区别于以往核电技术，第四代核电技术安全性更高，在极端情况下，反应堆能够依靠自然规律保持安全状态，不会发生堆芯熔毁和放射性物质外泄。

2）浙江应用前景：浙江是国内最早开发核电的省份，从能源电力清洁、经济、可靠供应角度来看，核电未来将替代煤电成为浙江主力电源，规模占比从目前 7%发展到 40%。以安全为核心的第四代核电技术将为浙江核电发展安全护航。

2. 新能源并网技术

（1）电力气象与新能源预测技术。

1）技术简述：电力气象与新能源预测技术是通过高性能计算集群、卫星接收装置和人工智能算法为电力系统提供定制化气象服务的技术，可以大幅提高新能源发电预测的准确性。利用精细化、行业化、指数化的高质量气象预报预警技术及精准的功率、负荷预测技术，推进电力和气象学科融合，推动气象预报时间分辨率达到 15min 级，空间分辨率达到公里级，实现与新能源预测时空分辨率相当的水平，并通过建设数据共享的电力气象数据服务平台，赋能新能源功率预测。

2）浙江应用前景：浙江目前已经建立电力气象监测实验室，运用气象技术提升新能源发电预测能力，有效提高了新能源参与平衡、顶峰能力。在中长期新能源发电装机破亿场景下，将延伸更多调节模式，满足新型市场需求。

（2）系统友好型新能源汇集技术。

1）技术简述：系统友好型新能源汇集技术可解决新能源发电过程中存在的分散性、间歇性和波动性等问题，实现新能源的高效汇集、优化调度和友好接入。采用交直流能量路由器等新型设备进行风、光、水等多类电源互补汇集，结合储能站＋5G 基站＋数据中心＋智慧充电＋新能源汇集控制等站点复用，实现电能质量控制、新能源波动平抑、电压频率主动支撑等系统功能，服务区域电源汇集友好接入，提供电力、计算、存储、连接等多重服务，实现"电力＋算力"与新能源场景融合。

2）浙江应用前景：浙江未来仍有数据中心发展需求，结合可再生能源互补实现有效消纳，若远期按照每个地市 1 座 220kV 汇集型多功能站，累计可消纳 800 万 kW 以上可再生能源，提供 4000 万 TFLOPS 以上智能算力❶，等同于 3～4 个超大型数据中心提供的计算能力。

---

❶ 平均算力按英伟达 DXG A100 GPU 的参数估算（含散热）。

（3）中远海大规模海上风电送出技术。

1）技术简述：中远海大规模海上风电送出技术旨在解决海上风电场超远距离的电能高效、经济送出问题，主要涉及高压交流（high voltage alternating current，HVAC）送出、柔性直流输电（voltage source converter based high voltage direct current，VSC－HVDC）、低频输电/分频输电、二极管不控整流输电四种技术。我国的柔性直流输电及低频输电技术处于国际领先地位，基于 MMC 的柔性直流是目前远海风电大容量送出的最成熟技术，柔性低频输电和不控整流输电在中远海风电送出场景下具有一定成本和性能优势，未来可进一步降低输电系统整体建设成本。

2）浙江应用前景：浙江近海风电站址资源日趋紧张，中远海因具有更广阔的海域、更丰富的风能资源，成为海上风电开发布局的新战场。浙江已开展海风柔性直流、低频送出示范，打造了"国蛟一号"自主品牌，交付国内最大载缆量的海缆施工船"启帆 19 号"。中远海大规模海上风电送出技术已具备在浙江全面应用条件，为未来浙江沿海亿千瓦级规模的清洁电源开发奠定了基础。

（4）宽频振荡和电能质量治理技术。

1）技术简述：宽频振荡可以改善电力系统的动态特性，提高系统对负荷变化和故障响应能力，是适应新能源大规模接入的必要措施。通过加装静止同步串联补偿器（static series synchronous compensator，SSSC）、统一潮流控制器（unified power flow controller，UPFC）、幅相校正器等装置可向系统注入特定的电压或电流信号，使系统的宽频振荡幅度显著降低，系统频率偏差由±0.2Hz 降低至±0.1Hz 以内。通过加装有源电力滤波器、静止无功补偿器（static var compensator，SVC）、静止无功发生器（static var generator，SVG）、动态电压恢复器和电能质量优化治理装置等设备可有效抑制电压波动，采用电能质量治理技术后，系统电压偏差由±5%降低至±2%以内。

2）浙江应用前景：随着电力电子装备占比的提升，浙江宽频振荡呈现频带宽、多变且混叠等新特性，特别是大规模海上风电并网后，系统振荡风险和电能质量问题加重，亟须开展宽频振荡和电能质量治理技术研发应用。

3. 大电网技术

（1）系统转动惯量提升技术。

1）技术简述：系统转动惯量提升技术为构建更加安全充裕和可持续的能源系统发挥重要作用。为应对低惯量电网的安全稳定问题，主要通过风电、光伏、储能等电力电子电源的虚拟惯量模拟进行系统转动惯量提升。转动惯量提升技术可以使系统的频率稳定度提高 10%～20%，增强系统的可靠性。同时，采用转动惯量提升技术可大幅缩短系统从故障中恢复的时间，提高了系统的快速响应能力。

2）浙江应用前景：随着新能源的迅速发展，煤电等火电机组被限制发展，浙江电力系统旋转备用容量日渐不足，系统抗扰动能力减弱。未来浙江新能源渗透比例将超过 50%，亟须在系统关键部位应用转动惯量提升技术，提高系统抗风险能力。

（2）"三高"❶受端电网安全运行控制技术。

1）技术简述："三高"受端电网安全运行控制技术是确保高比例外来

---

❶ 高比例外来电、高比例新能源、高比例电力电子装置。

电、高比例新能源、高比例电力电子装置接入受端电网时，系统能够安全稳定运行的技术。主要通过加强受端电网认知能力、夯实安全稳定物质基础、提升事故防御能力等技术手段提升受端电网的安全稳定性。利用直流及新能源精细化建模、主配协同联合仿真、全电磁暂态仿真技术，提升"三高"受端电网的认知能力；加强新能源主动支撑能力、布局柔性输配电装备、发展微电网等技术，丰富受端电网稳定基础。夯实并优化现有的"三道防线"，提升受端电网的故障抵御能力。

2）浙江应用前景：未来浙江新能源与特高压直流规模将进一步增长，电力系统的安全稳定性面临更大挑战，研究"三高"受端电网安全运行控制技术意义重大。

（3）主动支撑型特高压柔性直流技术。

1）技术简述：主动支撑型特高压柔性直流技术为电网主动提供电压、频率、惯量、阻尼支持，增强电网的稳定性和调节能力，采用全控型功率器件，如绝缘栅双极晶体管（insulate gate bipolar transistor，IGBT）和集成门极换流晶闸管（integrated gate commutated thyristors，IGCT）实现功率连续调节，向电网提供电压、频率、惯量、阻尼支持，同时具备黑启动等功能。通过运用电压源换流器（voltage source converter，VSC）技术，实现对电网的精确控制，增强电网稳定性，实现送受端多能广域协同，解决电网支撑性不足问题。

2）浙江应用前景：浙江已建成三回常规特高压直流，受晶闸管换流技术特性限制，常规特高压直流无法满足功率灵活调节的客观需求，加剧浙江作为受端省份的调峰难度，同时多直流馈入造成的耦合效应进一步制约电力通道输送能力。浙江第四回直流甘肃—浙江特高压直流首次采用

±800kV 双端柔性直流输电技术送出大规模新能源基地能源，开启柔性特高压直流工程建设新纪元。

（4）多端嵌入式直流技术。

1）技术简述：以"交改直"为代表的嵌入式直流建设方案可充分挖掘现有输电通道的输电潜能，破解新增通道代价高昂、实施困难等难题。结合先进的控制策略，实现与交流系统的有机融合，可扭转受端电网多直流同时换相失败风险持续加剧的情况。多端嵌入式直流技术能够更好地适应能源的波动性和间歇性，实现能源的高效接入和管理，可将能源的利用率提高 30%～40%。

2）浙江应用前景：浙江电网存在源荷不匹配现象，多端嵌入式直流技术可解决浙江电网内部不同区域新能源外送消纳和高负荷供电的双重需求，构建灵活可控的高效输电通道，助力电网向灵活性和稳定性更高的交直流混联电网升级。

（5）新型短路电流控制技术。

1）技术简述：新型短路电流控制技术是为了限制电网中短路电流的水平，以保障电网的安全稳定运行而采用的一系列技术。涉及快速开关、超高速控制保护系统、固态短路限流器、超导故障限流器等设备。应用快速开关和快速控制保护技术装备，可使电网故障后全冗余快速开关迅速动作（母分、联络开关动作），电网拓扑在 20ms 内实现动态变化，短路电流降低 30%。故障电流限制器能够在电网发生短路时通过超导材料失超或电力电子器件的导通/关闭来快速限制故障电流，从而减少对电网设备的损害，提高电网安全性和可靠性。

2）浙江应用简述：浙江电网在电源接入密集区域，500kV 短路电流水平接近甚至超过设备承载能力极限，且有普遍化趋势。新型短路电流控制技术对保障浙江电网安全、灵活运行至关重要。

（6）新型潮流控制技术。

1）技术简述：新型潮流控制技术通过控制策略和调节智能器件的开关时间，实现对电流、电压、功率等电量的精确控制。通常包括 UPFC、分布式潮流控制器（distributed power flow controller，DPFC）等设备，潮流控制器是电网潮流控制的核心设备，可通过改变系统节点电压的幅值和相位动态地调整电网潮流分布，缓解线路重过载情况，并结合了相角调节、串联补偿和电压调节等多种功能，能够实现对电力系统中潮流的精准控制。UPFC 是国际公认的功能强大先进的潮流调控装置，它结合了相角调节、串联补偿和电压调节等多种功能，能够实现对电力系统中潮流的精准控制，DPFC 是一种新的潮流控制技术，其基于大功率电力电子技术，可以动态优化线路阻抗特性，有效控制系统潮流转移，优化局部电网潮流分布。

2）浙江应用前景：浙江电网是华东枢纽电网，未来随着浙西南华东抽水蓄能基地和浙东沿海大规模海上风电基地开发建设，叠加皖电东送、闽电北送，省内东西潮流转移和省间电力互济将达到千万千瓦级，易出现潮流不均衡、断面超限问题，亟须潮流高效控制。

（7）构网型电压支撑技术。

1）技术简述：构网型电压支撑技术能够在电网出现故障或波动时，快速响应并调整电压，通过控制电力电子设备，使新能源发电场、智能电网、微电网等能够主动参与电网的电压调节和支撑，快速响应电网中的电压变化，提供必要的无功功率，以维持电网电压的稳定。主要设备包括储能变流器、SVG、柔性直流输电设备、新能源（风电、光伏）并网变流器等。

在传统系统中电压波动可能达到±5%，而采用构网型电压支撑技术后，波动幅度可降低至±2%以内；该技术能够迅速调整输出，使电压更快地恢复到稳定值。相比传统方法，电压恢复时间可缩短 30% 以上；该技术能够增强对分布式能源的接纳能力，使分布式光伏的接入容量提高 20%～30%。

2）浙江应用前景：构网型电压支撑技术可以解决浙江作为受端负荷中心，多直流馈入替代同步发电机下，常规电源装机不足，系统"空心化"问题；提高风光资源丰富区域薄弱电网的新能源并网和消纳能力。

（8）新一代大电网智能调度与控制技术。

1）技术简述：新一代大电网智能调度与控制技术是为了适应现代大电网的复杂运行需求而发展起来的先进技术，具备智能化、体系化、实用化特征，引入人工智能技术，构建高度自动化和智能化的调度控制体系，通过应用端—边—云高效协同的电网调控人工智能支撑技术、基于人机混合增强智能的柔性电网调度决策控制技术、面向多利益主体/海量异构群体的源网荷储自主智能与群体智能调度理论与方法，实现将当前"机器辅助调度"模式提升到"混合增强智能调度"模式。

2）浙江应用前景：浙江正在建设源网荷储一体互动的新型调度运行体系，新能源出力短期预测准确率达到 97% 以上，减少电厂临时开停机。运用人工智能技术，故障处置效率较传统模式提升 15% 以上。

4. 配电技术

（1）新型电力系统防灾减灾技术。

1）技术简述：新型电力系统防灾减灾技术通过提高电力系统的稳定性和韧性，以应对自然灾害和其他突发事件的挑战。该技术主要应用无人机智能勘灾、数字孪生、智能机器人、"5G＋无人机＋卫星"应急通信技术等支撑灾情勘测、监测预警、高危作业等工作，实现多灾害风险分析与实时预警，结合实时灾情信息，动态生成队伍调派策略，确保在紧急情况下资源最优分配，通过对实施抗灾改造的支线优先布置自动化开关，实现故障区快速隔离及非故障区快速复电。

2）浙江应用前景：浙江东南沿海地区，台风、雷暴、冰冻等极端天气频发，从灾前预警、灾中应急、灾后恢复三个维度发力，较传统配电网大面积灾害应急处置效率提升 30%以上。配电网防灾抗灾能力提升后，可大幅缩短故障停电时间，减少社会经济损失。

（2）灵活配电系统技术。

1）技术简述：灵活配电系统技术主要通过柔性控制和拓扑灵活切换，解决配电网分布式电源消纳不足、不确定源荷控制难度大、电能质量劣化、设备数字化程度低等问题，以经济可靠的方式快速响应分布式电源及负荷不确定性变化。利用分层分区数字化微电网技术、能量路由器等灵活配电装备，构建新型交直流无缝混合、源荷对等、闭环运行的全柔性灵活配电系统，发挥系统数字化微电网分区分层管控、电力电子变换装备灵活可控、数字孪生可靠性高等优势，打破传统配电网放射状、弱连接网架的局限。

2）浙江应用前景：浙江不确定性源荷高比例并网，未来仅电动汽车充电负荷达到千万千瓦，电网系统平衡难度加大、运行安全风险增加，开展灵活配电系统技术研究应用，可有效提升配电网灵活性和承载能力，应对源荷不确定性。

（3）智能微电网技术。

1）技术简述：智能微电网技术是一种由分布式电源、储能设备、能量转换装置、监控保护设备、相关负荷等组成的小型发配用电系统,智能微电网关键技术包括可再生能源发电技术、分布式储能容量配置技术、充电桩有序运行技术、光储充就地协调控制技术等,在能源利用、环境保护、可靠性提升方面具有显著优势。通过对接入电网新能源进行通信及自动化改造,实现分布式电源可观、可测、可调、可控。采用光纤电流传感器(fiber optical current transformer,FOCT)光差动、主动探测式和集电线路暂态量等设备,实现主配微电网故障快速隔离。采用边界收缩算法计算聚合模型参数,充分反映电网灵活性模型的经济性特征,实现灵活资源多维动态聚合。建立断面、设备安全、网络方程等多维约束,构建综合考虑理想调度四个维度❶的多目标优化模型,实现微电网互补共济智能调控。

2)浙江应用前景:浙江具有山区、海岛、园区、农村多能互补等多种典型场景,远期微电网经济应用可进一步提升电网效率,保障供电安全。紧急情况下,能够向大网提供反向支撑能力。通过微电网模式,分布式资源集群调控策略计算时间,策略生成效率提升40%以上,可缩短故障停电时间。

5. 用电技术

(1)分布式资源聚合与协同控制技术。

1)技术简述:分布式资源聚合与协同控制技术是指将分布式发电资源及需求侧资源进行有效整合和协调控制的技术,主要包括能量管理系统(energy management system,EMS)、分布式能源管理系统、智能逆变器、储能系统、需求响应管理系统、通信网络、高级计量基础设施(advanced

---

❶ 安全、经济、低碳、高效。

metering infrastructure，AMI）等技术及设备。解决了分布式资源的集成和优化问题、电网的供需平衡问题和风光发电波动性带来的电网运行风险问题。提高了分布式资源的利用效率，增强了电网的运行稳定性和可靠性。目前分布式资源聚合与协同控制技术聚合资源以负荷侧资源及储能资源为主，分布式电源资源聚合机制尚处于探索阶段。

2）浙江应用前景：截至 2023 年底，浙江电网已接入分布式光伏约 30 万个，充电桩 118 万个。预计至 2030 年，随着整县光伏、千村御风等项目实施，分布式资源数量将增长 3～4 倍，海量分散资源高效配置亟须聚合与协同控制技术支撑，源网荷储互动效率将提高 50%以上。

（2）终端用能电气化与互动高效运行技术。

1）技术简述：终端用能电气化与互动高效运行关键技术主要包括高温蒸汽热泵、太阳能热泵等高效电转热技术、电网—气网耦合、电网—市政热网耦合等系统间耦合技术及能源互联网、高效储能、节能等支撑技术三大类，多能高效转换与终端用能电气化技术可以在一定程度上解决终端用能领域的碳减排问题，将部分碳排放从终端用能转移到电力能源，并由发电侧统一解决碳减排问题，从而支撑终端用能的低碳化、高效化、智能化发展，有效改善终端能源消费结构，由于多能高效转换设备主要以各行业用能需求为主，以各行业工艺流程为核心，涉及各行业的核心生产技术和电气、热工、材料、化学、机械、农学等多个学科，需要各行业开展跨专业联合攻关，合作创新多能高效转换技术。

2）浙江应用前景：终端用能的电气化是浙江能源转型的必由之路，也是提前实现低位碳达峰的关键路径。到 2025 年，浙江省终端用能电气化水平将达到 40%左右。终端用能电气化与互动高效运行技术可以促进浙江高耗能产业向低能耗转型，引导用能方式转变，改善能源利用结构。

（3）综合能源协同高效运行技术。

1）技术简述：综合能源系统是在先进电能替代、虚拟电厂、互联网技术的基础上，综合利用远方、本地清洁能源，通过综合能源网络将能源供给侧资源及负荷侧资源，在逻辑上强耦合形成涵盖综合能源生产、消费于一体的智能、灵活能源网络系统。多能互补、高效转化是综合能源协同高效运行技术的核心，通过实现不同承载方式的能源高效、灵活转换，大幅提升能源综合利用效率，其发展关键路径包括能源基础设施融合和信息融合两方面，能源基础设施融合以智能电网、能源网和互联网的深度融合为基础，关注多能网络的协同规划、建设和运行，信息融合则通过构建综合能源系统信息平台，实现能源数据的全面采集、整合和分析，为能源系统优化调度和决策提供支持。

2）浙江应用前景：截至2023年底，浙江省共有147个开发区（园区），是节能降碳的重点区域。综合能源协同高效运行技术是培育绿色低碳工业园区的关键支撑技术，该技术推广应用后预计可实现全省降碳百万吨以上。

（4）智慧车联网互动技术。

1）技术简述：智慧车联网互动技术是指通过先进的信息通信技术，实现车辆与车辆（vehicle to vehicle，V2V）、车辆与基础设施（vehicle to infrastructure，V2I）、车辆与行人（vehicle to pedestrian，V2P）、车辆与网络（vehicle to network，V2N）、车辆与电网（vehicle to grid，V2G）之间的智能互联和数据交换，主要通过车载传感器、车载通信系统、车联网平台、智能交通管理系统等实现，减少了交通事故的发生率，提高了能源利用效率，增强了用户的出行体验，减少交通拥堵和行程时间，同时智能有序充电和车网互动技术的发展，使得电动汽车不仅是能源的消费者，也可以成为能源的存储者和提供者，通过双向能量互动，优化电力系统的运行，推动资源最优配置，促进新能源汽车与电网的和谐共生。

2）浙江应用前景：2023 年，浙江新能源汽车超 188 万辆，年增长 39.8%。全省汽车保有量超过 2300 万辆，若通过需求响应引导压降 20% 充电负荷进行削峰，考虑 40% 公共充电桩在充电负荷高峰时段参与，预计 2030 年可削峰约 50 万 kW。若将晚间充电负荷转移到深谷电价时段，考虑 40% 公共充电桩参与填谷，预计 2030 年浙江省充电桩日均可提供填谷能力 112 万 kW，294 万 kWh。

6. 储能技术

（1）先进抽水蓄能技术。

1）技术简述：抽水蓄能技术通过利用电力负荷低谷时的电能抽水至上水库，在电力负荷高峰期再放水至下水库发电，通过电能与势能相互转化，实现电能的储存和管理，一般用于电网的调峰、调频和备用电源等，具有规模大、寿命长、运行费用低等优点。抽水蓄能电站的主要设备包括水轮机、发电机、水泵、主变压器、静止变频器（static frequency converter，SFC）等，大多数抽水蓄能电站的综合效率能达到 75% 以上，最高可达到 85%。下一阶段抽水蓄能将向高水头、高转速、大容量方向发展，主要提升机组容量、效率和性能，采用变速恒频、蒸发冷却及智能控制等技术，提高抽水蓄能系统效率，通过振动、空蚀、变形、止水及磁特性的研究分析，提高抽水蓄能机组的可靠性和稳定性，在水头变幅较大和供电质量要求较高的情况下使用连续调速机组，实现自动频率控制。

2）浙江应用前景：浙江抽水蓄能理论可开发容量 1 亿 kW 以上，是浙江未来新型电力系统重要调节资源。先进抽水蓄能技术是丰富调节手段、降低调节成本的关键，综合调节效率可以提高 5%～10%。

（2）新型储能技术。

1）技术简述：新型储能是指除抽水蓄能以外，以输出电力为主要形式的储能，与抽水蓄能相比，新型储能选址灵活、建设周期短、响应快速灵活、功能特性多样，主要包括锂离子电池、全钒液流电池、压缩空气储能、钠离子电池、重力储能、熔盐储热、超级电容器和超导储能等技术，其中，锂离子电池目前处于主导地位，全钒液流电池、压缩空气储能、钠离子电池等也在加快商业化部署。新型储能技术解决了新能源消纳能力差、电源灵活性低、电力系统调节能力差等问题，是实现碳达峰碳中和目标的重要支撑。

2）浙江应用前景：受负荷特性影响，浙江电网最大峰谷差在 40%左右，需要大规模调节资源，同时叠加高比例新能源发展，大规模配储是必然。相较抽水蓄能，新型储能受土地资源限制小得多，开发周期短，对资源相对紧张的浙江来说较为友好。

7. 共性支撑技术

（1）省域新型电力系统全电磁仿真技术。

1）技术简述：省域新型电力系统全电磁仿真技术包括建模技术、仿真技术及实用化技术三类核心模块，能够在数字计算机上为电力系统的物理过程建立数学模型，并用数学方法求解以进行仿真研究。通过高性能计算平台、电磁仿真软件、自主可控仿真装置等技术设备解决了电力系统高度电力电子化"仿不了"、复杂控制保护设备"仿不准"、海量运行工况"仿不快"等科学难题，提升了电力系统仿真的自主可控能力，为电力系统的安全稳定运行提供了强有力的技术支撑。

2）浙江应用前景：浙江风电光伏装机已超过 4000 万 kW，未来大规模海上风电开发和整市、整县分布式光伏开发是重点。省域新型电力系统全电磁仿真技术可实时分析高比例、大容量新能源接入下的系统安全风险，防止系统出现重大安全稳定风险。

（2）新型电力系统经济技术。

1）技术简述：新型电力系统经济技术通过科学设计新型电力系统体制机制创新突破方向，优化电力市场体系框架，创新政策推演与商业运营互动仿真技术，全面支撑电力保供稳价综合决策，有效解决新型电力系统建设中保供稳价压力激增、体制机制难点堵点多、市场体系不完善等问题。

2）浙江应用前景：浙江作为受端电网，系统直接成本高于其他省级电网，部分主体的收益与成本不匹配。新型电力系统经济技术可以助力系统成本精准测算，制订科学合理的疏导路径，加快构建权责利公平公正的能源电力经济体系。

（3）新型电力系统数字孪生技术。

1）技术简述：新型电力系统数字孪生技术是一种将物理电力系统与数字模型相结合的创新技术，包括数字电网透明感知、芯片化多物理量融合集成精准感知等传感技术，边缘智能分析与协调控制、多模异构通信等通信技术，三维感知、高保真建模、多层级仿真建模等建模技术，以及人机交互、数据管理和共享等软件服务技术四类关键技术，通过先进的传感器技术和数据分析方法，能够对电力系统中的发电、输电、变电、配电和用电各个环节进行精准建模，实现了对电力系统的全面感知、精准控制和智能优化。采用数字孪生技术后，平均停电时间可缩短 50%以上，能源利用率提高 10%～20%。

2）浙江应用前景：浙江电网是全国最稠密电网之一，未来随着负荷增长和新能源高速发展，该情况将进一步加剧。新型电力系统数字孪生技术是解决在有限空间内规划布局高密度电力设施，同时确保发、输、变、配各主体可靠运行的关键技术，未来还将依托数字孪生中心，逐步沉淀多种可复用资源，加速推进电力行业数字基建建设。

（4）人工智能+。

1）技术简述：人工智能+电力技术的应用研究涉及电力系统发、输、变、配、用全环节，在发电功率预测、设备智能巡检、设备异常与故障应急处理、客服智能服务、电网故障处理及紧急控制等业务中已有相关应用研究，如无人机智能巡检、输电通道智能监控、现场作业视频智能分析、智能语音客服等。目前，电力视觉专业大模型在识别输电、变电巡检图像隐患方面的精准率已达到 85.3%，有效支撑电力设备巡检工作质效提升。

2）浙江应用前景：浙江探索人工智能技术深化应用，以数智化技术驱动电网建设高质量发展，到 2030 年，全面建成数字化描述、全要素融合、智能化管控、多能源耦合的"数字浙电"，形成具有浙江辨识度的重大标志性成果。

（5）电、能、碳协同评估技术。

1）技术简述：电、能、碳协同评估技术通过对碳排放进行全面、准确的评估，为制订减排策略和优化能源结构提供依据，技术采用多种评估方法支撑电能碳生态体系建设，基于大数据和人工智能技术，进行碳排放的实时监测、预测和优化，利用碳排放因子法，根据不同类型的电源和用电设备的碳排放因子计算碳排放量，运用生命周期评估法，从产品原材料获取到废弃处理全过程评估碳排放。电能碳协同评估技术将朝着更加精细化、智能化和集成化的方向发展，实现电能生产、消费的全链条碳排放协同管理和优化。

2）浙江应用前景：浙江已实现在全省重点用能企业 100%全覆盖，规上工业企业碳效完全监测，累计接入多能数据 708.6 亿条。成立长三角生态能源碳汇基金，倡导企业、公众支持植树造林、湿地保护等碳汇公益项目建设。2023 年助力全社会节约用电 165 亿 kWh、减少碳排放 913 万 t。预期远景年度减排能力在 2000 万 t 以上。

（6）新型电力市场建模与模拟技术。

1）技术简述：新型电力市场建模与模拟技术是为适应以新能源为主体的新型电力系统而开发的关键技术。通过精确建模风电、光伏、储能等关键元件，综合考虑电力网络的结构和特性、发电厂商的生产成本和技术水平、电力用户的需求和用电特性等，并关注市场的动态性和不确定性，建立更加贴近实际的电力市场模型，最后利用仿真技术对电力市场的运行机制进行模拟和优化。实现路径主要通过构建高精度的电力系统模型，并结合多时间尺度仿真方法和计算加速技术，来提升系统的运行效率和可靠性。

2）浙江应用前景：近年来，浙江省全力推动电力市场建设，初步构建了中长期、现货、辅助服务等各类电力市场机制协同运作的全市场体系，深化新型电力市场建模与模拟技术研究应用，可助推浙江全市场体系优化完善，充分发挥市场建设在资源优化配置中的重要作用。

（7）大功率 IGBT 核心元器件。

1）技术简述：大功率 IGBT 是电力电子装置的核心器件，广泛应用于工业控制、轨道交通、白色家电、新能源发电、新能源汽车等领域。IGBT 具有高输入阻抗、低导通压降、高耐压等特性，使其在高压、大电流、高速等方面表现出色。IGBT 作为电力电子行业的"心脏"，在多个领域发挥着关键作用，并对产业链产生了显著的带动作用，随着国内 IGBT 技术的进步和产能的扩张，国产 IGBT 逐渐替代进口产品，不仅降低了下游企业的采购成本，还提高了供应链的稳定性，促进了国内半导体产业的整体发展，已成为百亿美元产业。

2）浙江应用前景：在浙江第四直流项目上实现 5kA IGBT 器件世界首次工程化应用，创造单阀组和单柔性换流站容量最大等多项"世界第一"，助力大功率 IGBT 产业发展。大功率 IGBT 器件前景广阔，应用在风力发电领域可实现效率提升 20%，在光伏领域可降低光电转换损失 25%以上，在超高压直流输送电和智能电网领域可使电力损失降低 60%，供电效率提升 40%以上。

（8）电力超导材料新型装备。

1）技术简述：超导材料具有零电阻、完全抗磁性等宏观量子现象，是实现无能耗或极低能耗的电能传输关键技术，是实现未来高密度储能技术的重要方向，电力超导材料新型装备产业具有巨大发展潜力和广阔应用前景。超导材料临界温度提升技术和稳定性提升技术的进一步突破，将加快电力超导材料新型装备国产化和规模化应用，促进超导材料生产、高端装备制造、电子信息等产业链的健全，推动我国产业结构的优化升级，提高我国制造业的整体水平和竞争力。根据欧洲超导行业协会数据，2027 年超导产品市场规模可达到 192 亿欧元。

2）浙江应用前景：浙江实施高压直挂式高温超导调相机技术研究，在成套装备集成及其工程应用上实现关键技术突破，全面推动电力超导产业发展。

（9）电力通信量子技术关键装备。

1）技术简述：电力通信量子技术有助于提高电力系统的安全性和可靠性，降低因通信安全问题导致的电力事故风险，从而保障国家能源安全。加快对量子中继技术的突破，量子通信设备稳定性、可靠性的提升，以及量子通信设备的兼容性和整合能力的增强，对于保障产业链安全、提升国家核心竞争力具有重要意义。量子产业呈现出稳步增长趋势，2030 年产业规模将达到千亿美元，年复合增长率达到 60%以上。2035 年，随着量子计算产业的不断成熟和发展，全球产业规模飙升至万亿美元。

2）浙江应用前景：浙江正加快部署量子智能开关部署，构建可靠、安全的智能开关三遥网络，促进量子产业的延伸和拓展，从上游的原材料供应、元器件制造，到中游的设备集成、网络建设与运营，再到下游的应用领域，形成一个完整的产业链体系。

第二节　中期重要突破技术（2030—2045 年）

（1）中远海大规模海上风电组网技术。

技术简述：海上风电组网技术是将多个海上风力发电机组连接起来，实现电力的汇集、传输和与陆上电网并网的一系列技术，主要包括环型组网和星型组网两种方式。环型组网方式风电机组通过海底电缆连接成环，再与海上变电站相连，具有较高的可靠性，当某一段线路出现故障时，可以通过其他路径继续传输电力。星型组网结构简单，易于管理和维护。中远海大规模海上风电组网技术对深远海开发具有重要的支撑作用，受经济性和相关技术约束，目前中远海大规模海上风电组网还处于发展阶段。

（2）漂浮式风电技术。

技术简述：漂浮式风电技术是指利用浮动结构支撑风力涡轮机在海上进行发电的技术，在拓展风能开发空间、降低环境影响、促进能源转型和可持续发展等方面具有重要意义。漂浮式风电场的年发电量可比近海风电场增加 20%～30%，发电利用小时数通常比近海风电高 1000h。预计未来漂浮式风电的单位千瓦投资成本将逐渐接近近海风电，运营维护成本将降低 20%～30%。漂浮式风电技术是未来风电发展的重要方向之一，目前漂浮式风电技术仍处于发展阶段，部分关键技术如漂浮式基础的设计与制造、系泊系统的可靠性、动态海缆的技术等尚未完全成熟，同时漂浮式风电的成本相对较高，是制约其大规模发展的重要因素。

（3）碳捕获、利用与封存（CCUS）技术。

技术简述：CCUS 技术通过捕获 CO_2 并提纯，投入新的生产过程进行循环再利用，将 CO_2 资源化，不仅可以实现碳减排，还能产生经济效益。CCUS 技术可分为化学吸收、物理吸收、物理吸附、纯氧燃烧、钙循环、化学循环、低温分离、直接空气碳捕获与封存（direct air carbon capture and storage，DACCS）、膜分离技术等九种。到 2050 年，需要应用各种碳减排技术将空气中的温室气体浓度限制在 450μL/L 以内，其中 CCUS 的贡献为9%左右。CCUS 技术是实现碳中和目标的重要技术，就整个 CCUS 产业而言，受限于经济成本的制约，目前仍处于商业化的早期阶段。

（4）跨区跨省互济曲线优化调节技术。

技术简述：跨区跨省互济曲线优化调节技术是指通过优化电力系统的运行方式，实现不同区域之间电力资源的互补和优化配置，以提高电力系统的整体调节能力和运行效率，结合精细生产模拟与送受两端计划联调，利用东西部时区作息差异，开展多元化、多方向互联输电通道互济支撑，提高送端区域省间电网互济及资源配置能力，提升省级电网的灵活性水平。跨区跨省互济曲线优化调节技术可有效服务于能源资源在更大范围内的共享、互济和优化，由于相应的政策机制尚不完善，导致省间市场间难以充分发挥联网互济作用，跨区跨省互济还处于初探阶段。

（5）人工智能大模型技术。

技术简述：人工智能大模型技术采用电力样本评价及优化方法，丰富人工智能训练样本，训练各类业务应用的模型，运用电力大模型协同优化及调度智能推演与决策方法，建立模型协同及智能推演决策能力，构建基于人工智能的网络安全主动防御能力，保障电力安全稳定供应，利用"大数据+大算力+强算法"，分析大量的电力资产与运行数据，提升系统效率、可靠性和安全性。人工智能大模型技术为电力行业的智能化与可持续发展提供强大的技术支持，技术需要对模型进行海量训练，人工智能大模型在电力行业主要被应用于源荷预测、运行控制、智能运检、数字运营等领域，是新型电力系统数智化转型的关键技术之一。目前技术应用主要受数据隐私和安全、建设维护成本等问题制约，处于从研究探索到实际应用的过渡期。

（6）量子计算技术。

技术简述：利用量子力学理论中的量子纠缠和量子叠加等特性来实现

计算，具有更高的计算能力和更快的计算速度。量子计算可以用于解决复杂的优化问题，提高计算效率，满足新型电力系统高性能优化控制等建设需求。量子计算在发电机组系统辨识和参数优化业务中应用效果突出，可大幅降低配电网规划的时空复杂度计算成本，扩展电力数据处理的计算规模。量子计算技术可大幅提升新型电力系统的效率和可靠性，目前量子比特的稳定性和相干性还需进一步提高，量子错误纠正等关键技术还需进一步突破，量子计算技术尚处于发展阶段。

（7）规模化电氢耦合技术。

技术简述：规模化电氢耦合技术是一种将电力系统与氢能系统相结合的技术，通过利用可再生能源发电进行电解水制氢，将电能转化为氢能存储，从而实现能源的互补和优化配置。电氢耦合相关设备主要包括电解水制氢设备、储氢设备、氢能发电设备和输氢管道和运输设备等部分，解决了新能源消纳能力弱、电网调节能力差、储能参与周期短等问题。规模化电氢耦合是实现储能长周期的关键技术，提高了能源系统的灵活性，推动了清洁能源的发展，支持了能源结构的优化，可再生能源制氢成本为20～40元/kg，是化工能源成本的2～4倍，受限于经济成本的制约，规模化电氢发展尚需时日。

第三节　远期重大颠覆性技术（2045—2060年）

（1）清洁可控无限电力生产技术。

技术简述：在未来，传输技术、核聚变技术和人工智能等技术的颠覆性突破，将帮助人类摆脱对化石燃料的依赖。太阳能电站不受地球天气和昼夜的影响，通过高效能量转换技术将太阳能转化为电能，通过无线传输技术精准地输送至地面。可控核聚变技术取得突破，城市通过分布式小型化核聚变发电站，为居民和企业提供电力。智能风力发电机根据风向和风速自动调整角度和高度，最大限度捕捉风能。结合先进储能系统，持续为周边地区提供稳定的电力供应。

（2）近零损耗经济电力传输技术。

技术简述：在未来，通过量子技术和超导技术的颠覆性突破，电力传输将实现近零损耗传输和瞬间传输。将电能转化为量子信息，通过在发送端和接收端分别设置量子装置，突破传统电力传输的物理限制，实现极高效率、极低延迟的电力远程传输。超导体电力传输技术是指研发出室温下的超导体材料，利用超导体零电阻特性，实现电力的无损耗传输，极大提高输电效率，减少能源浪费。

（3）无人干预型智慧电力调度技术。

技术简述：未来分布式能源通过量子通信技术、超高速电力传输技术与电力调度中心连接，实时上传发电数据和状态信息。调度中心人工智能系统通过对海量的电力数据进行分析和学习，准确预测电力需求的变化趋势，提前制订出最优的电力调度方案，实现自动调整发电厂输出功率、储能设施充放电状态及电力传输线路负荷分配。

（4）超高能量密度电力存储技术。

技术简述：超高能量密度电力存储技术对于推动可再生能源的利用、提高电动汽车的续航能力及实现新型电力系统的高效运行具有重要意义。锂硫电池、锂空气电池、石墨烯材料等技术的突破将使得电池能量密度达到前所未有的高度。同时，新型电池技术与超级电容结合形成混合储能系统，将极大提高整体储能系统的效率和性能；新型电池技术与氢能技术融合，将实现电能和氢能的高效转换和利用，为可再生能源的大规模利用和能源的多元化存储提供新的解决方案。

（5）全领域电气化终端消费技术。

技术简述：全领域电气化终端消费技术涉及工业、交通、建筑等多个领域的全面电气化，可以有效减少各领域对传统化石燃料的依赖，有助于减少温室气体排放，还将对全球能源系统产生深远影响，是实现我国"双碳"目标的关键技术之一。工业领域，尤其是高耗能行业依赖化石燃料的工艺被电气化技术所取代，例如，电热泵和电加热器在高温工艺中的应用逐步扩展，电解槽技术的进步使绿色氢气的生产更为高效；交通领域的电气化成为能源转型的核心部分，预计到 2050 年，电动汽车的普及可能会导致全球电力需求增加 30%～40%；建筑领域的电气化集中在供暖、通风和空调系统的转型上，传统上依赖天然气的供暖系统将逐步被电热泵和其他电气化技术取代。

第三章　电力新质生产力引领新型电力系统高质量发展

　　浙江电力从培育好、发展好电力新质生产力，服务浙江能源电力高质量转型出发，奋力构建新型电力系统省级示范区，探索总结浙江新型电力系统建设经验。新阶段、新要求背景下，浙江电力深化对于新型电力系统建设路径研究，完善电力领域生产力与生产关系，立足资源禀赋和转型方向，提出了浙江"一个集群、两个枢纽、三大场景"发展定位，因地制宜发展电力新质生产力，构建政策机制先行突破，主网、配电网、数字电网坚强三张网协同发展的"1＋3"建设体系，系统性推进浙江新型电力系统建设。

第一节　电力新质生产力与新型电力系统的关系

　　新型电力系统是先进生产力和先进生产关系相互关联作用和相互促进发展的复杂系统，因地制宜发展新质生产力，打破现有发展模式限制，加强电力系统新技术、新业态创新迭代；推动先进生产关系演进升级，创建新形势下浙江能源电力发展的新模式和新体系，是实现系统整体效能最优化和螺旋式升维发展的重要推动力，是破解能源电力清洁、安全、经济"三元矛盾"，实现清洁低碳、安全可靠、经济高效"三重目标"的最优解。浙江新型电力系统建设体系思考如图3－1所示。

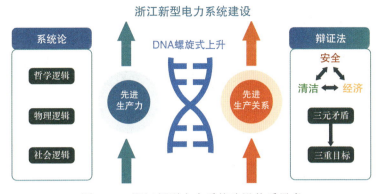

图 3 - 1　浙江新型电力系统建设体系思考

电力新质生产力为新型电力系统建设提供重要动力。从哲学维度看，生产力决定生产关系，生产关系反作用于生产力，而新型电力系统是电力领域两者共同作用的产物，所以电力新质生产力作为新型电力系统发展中的先进力量，在根本上决定了新型电力系统的基本形态、运行方式和前进方向；而电力新型生产关系则通过反作用影响电力新质生产力及新型电力系统的演进路径。在建设新型电力系统的过程中，要充分认识到先进生产力和先进生产关系螺旋式上升的辩证关系，既要有前瞻性的电力新质生产力发展布局，加大高精尖电力技术及多领域交叉技术的培育，也要及时更新与之相关的政策、市场、管理等机制，促进生产要素向电力新质生产力倾斜，形成对应的电力新型生产关系，从而营造两者相辅相成、相互促进、共同进步、融合发展的格局，带动新型电力系统升级发展。

新型电力系统建设是电力新质生产力技术和业态模式创新发展的重要载体。物理上，新型电力系统先进生产力体现能源生产力和数字生产力融合发展。电网是电能量资源配置的枢纽平台和功能核心，链接电力系统全部要素和多元主体。功能上看，主网侧重于广域高电压等级电力资源配置和系统调节，配电网侧重局域中低压等级电力消费和多元业态融合。因此，能源生产力主要在主网和配电网两个层面体现。在第三次工业革命大时代背景下，先进信息化技术蓬勃发展为电网发展注入了数字创新的活力，数字生产力赋能主网、配电网能源生产力，共同组成新型电力系统先进生产力的"三个引擎"，三股作用力高速运转，共同推动能源生产和消费协同发展，使新型电力系统更加清洁低碳、安全充裕、经济高效、供需协同、灵活智能。

新型电力系统建设是发展电力新质生产力的核心载体。新型电力系统为电力新质生产力提供研究对象。随着高比例新能源、高比例电力电子设备、高比例外来电"三高"特征的日益突出，新型电力系统的运行机理产生重大变化，如何研判、提升系统安全性，如何提高清洁能源利用质效，如何评价并优化系统综合经济性等问题为电力新质生产力带来巨大研究空间。新型电力系统为电力新质生产力提供应用场景。大到跨区域新能源传输消纳、海量可调资源聚合互动，小到充电桩有序充电、山区海岛新能源高可靠自愈，新型电力系统提供海量应用场景，让电力新质生产力在解决实际问题的过程中得到验证、评价、启发并不断进步。新型电力系统为电力新质生产力提供变现渠道。新型电力系统建立公平高效的政策、市场、管理机制，将为新质生产力创新成果提供产业化发展的配套支撑，回报艰苦的科技创新劳动，从而形成生产力与生产关系相互促进的正循环。

第二节 总 体 思 路

为破解高比例外来电下大受端电网构建，高负荷增长下保供稳价，高互动需求下电网数字化、智能化转型，高质量发展下新型电力体制配套等浙江电力发展中遇到的新问题，国网浙江电力立足山海多能互补电源集群，构建华东电网互联互济、能源智慧调节枢纽，遵循问题导向、目标导向、结果导向，设置了大受端下大消纳、大枢纽下大调节、大经济下大支撑场景建设目标。通过电力新质生产力驱动，电力新型生产关系构建，在浙江形成"以体制机制先立后破（市场破题、政策赋能、管理提效），打造主、配、数坚强三张网"的"1+3"新型电力系统建设体系；因地制宜发展电力新质生产力，建设"十大标志性工程"以点带面推动省级示范区建设，实现新能源、强网架、优市场三方面协同发展。浙江新型电力系统省级示范区体系框架图如图 3–2 所示。

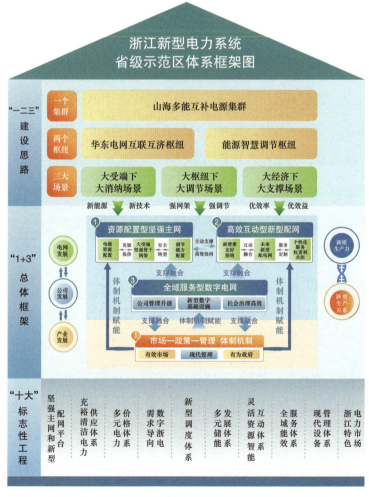

图 3–2　浙江新型电力系统省级示范区体系框架图

第三节 发 展 定 位

　　浙江省社会经济活力好，风、光、水、核电等多类清洁电源发展潜力大，负荷增长连续稳定，电网坚强可靠，能源互联质效高，市场配置需求旺盛。国网浙江电力结合实际发展和转型方向，立足浙江"一个集群"资源禀赋特征，发挥浙江"两个枢纽"基础优势，创新构建大受端下大消纳、大枢纽下大调节、大经济下大支撑"三大场景"。其中，"一个集群"指山海多能互补电源集群，浙江拥有全国最长海岸线，远景海上风电理论可开发量大，山区抽水蓄能资源丰富，与沿海风、光、火、核电源形成多能互补电源集群。第一"枢纽"指华东电网互联互济枢纽，浙江电网是东南沿海典型受端电网，外来电占比超三分之一，也是华东唯一与三省一市联系的交直流混合电网，未来将形成服务省内高效消纳、省间电力广域配置的骨干网架。第二"枢纽"指能源智慧调节枢纽，浙江抽水蓄能已核准规模全国第一，新型储能、需求响应等调节资源充沛，数智赋能各类新型业态，共同形成灵活调节能力。

　　从浙江发展基础和优势出发，构建好"大受端下大消纳场景"，挖掘蓝海资源潜力，依托山川资源能力，服务新能源高质量开发利用，高效促进清洁能源跨区消纳；构建好"大枢纽下大调节场景"，建强骨干网架，打通能源配置高速路，深化配微融合，推动数字电网脱虚向实，强化调节能力，释放各要素互动潜能，打造主、配、数坚强三张网；构建好"大经济下大支撑场景"，加强经济性研究，建设新型电力系统经济实验室，促进各类主体权责利匹配发展，加快市场建设，积极融入全国统一电力市场，强化政策保障，服务社会经济发展大局。

第四节　建　设　体　系

以因地制宜发展电力新质生产力为核心，构建"以市场破题、政策赋能、管理提效，打造主、配、数坚强三张网"的"1＋3"体系，即以"市场—政策—管理体制机制"的"1"为指挥舱、以"坚强主网、新型配网、数字电网"的"3"为主引擎。在主网、配电网、数字网基础上，吸收"源荷储"等其他要素，延伸构建资源配置型坚强主网、高效互动型新型配网、全域服务型数字电网，通过与体制机制优化组合、彼此融合支撑，实现"源网荷储数碳"等生产要素的优化配置，促进全要素生产率提升。"1＋3"建设框架体系如图3－3所示。

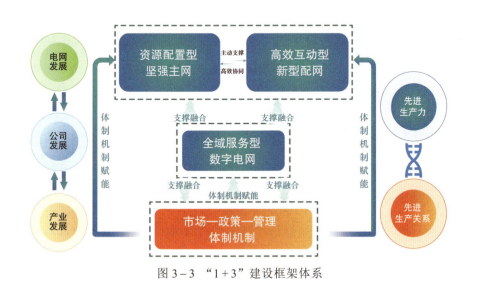

图3－3　"1＋3"建设框架体系

1. 资源配置型坚强主网

加强安全稳定、灵活资源互动、新型储能等方面的技术创新应用，服务资源配置供应体系，构建大受端坚强骨干网架，承担电能资源配置和调节能力配置两项核心功能。用好以外来电、省内电源、负荷侧挖潜"三个支撑"保供应，提升新能源的主动支撑性能，加快常规电源和外来电响应速度，开发负荷侧形成第三股力量。资源配置型坚强主网如图 3–4 所示。

图 3–4　资源配置型坚强主网

（1）构建大受端骨干网架。

理论创新为引领，开展新型电力系统复杂安全机理研究，构建新型电力系统平衡理论体系。技术创新为驱动，增强仿真能力建设，推进特高压高阻抗变压器、短路电流柔性抑制开关等装备研发应用，构建"理想调度"体系，保障电力供应安全。以物理网架建设为基础，建设省域特高压交流环网，构建高承载骨干网架体系，形成分区合理、强臂强环的 500kV 网架，实现各分区交直流互备、供电格局清晰合理。

（2）电能资源配置。

外来电方面，加强跨省跨区输电通道建设，提前制订落点方案，提升电力资源优化配置能力，拓宽跨区跨省购电渠道，落实中长期外来电协议。省内电源方面，开展浙江省火电输电规划，推动已纳规项目投运。推进核电发展，推动核电基地建设，开展沿海核电接入特高压交流环网输电规划。完成沿海新能源输电规划，推进近远海风电基地建设，打造500kV能源集成站。负荷侧挖潜方面，构建需求侧灵活资源智能互动体系，推动出台车网互动、虚拟电厂等负荷管理支持政策，建设省—市—县分级虚拟电厂体系。以外来电、省内电源、负荷侧挖潜"三个支撑"保障电力供应。

（3）调节能力配置。

外电调节方面，优化送电曲线，实现电力输送时空互济。电源调节方面，采用柔性励磁技术，提升常规发电机组的暂态强励和宽频振荡抑制能力。探索突破核电参与调峰技术，优化核电机组与抽水蓄能、风光储配合参与电网联合调峰策略。推动煤电功能定位转型，开展预退役煤机延寿可研分析。抽水蓄能调节方面，推进抽水蓄能电站规划建设，建设千万千瓦级抽水蓄能基地。应用混合式、长周期、可变速等新型抽水蓄能技术。推动新型储能多元化发展，服务各类投资主体建设新型储能。负荷侧调节方面，推动调节资源由温控负荷向无感负荷拓展延伸。建设用户侧储能、V2G等新型负荷接入灵活负荷统一管理平台。以外来电、电源、储能、负荷侧"四轮驱动"注入调节活力，应对外来电、新能源"两个不确定性"。

2. 高效互动型新型配网

加强资源聚合交互、配置分层分级、立体智能调控等方面的技术创新应用，服务构建高效互动消费体系，将新用户、新业态的变化与可靠网架、可信运行的不变结合起来，实现大网支撑主动化、灵活调节最大化、定制服务差异化。变"跟随主网"为"主动支撑"，加强对源荷储的"友好接纳"，变"最后一公里"为"前线第一站"，实现一、二次和数字化全融合。高效互动型新型配网如图3-5所示。

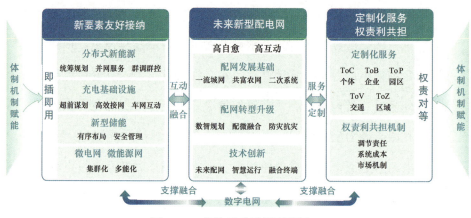

图3-5　高效互动型新型配网

（1）构建高效互动新型配电网架。

以网格化迭代升级、智慧化赋能为路径，向下聚合分散资源，向上支撑大电网调节，高标准打造主配微融合、防灾抗灾的坚强智能网架，拓展灵活互动功能，构建未来配电网形态。推动配电网规建运一体化，建成城市、农村、山区、海岛等典型配微融合场景示范，促进微电网由单一化向集群化、多能化拓展。着力筑牢配电网发展基础，打造安全可靠世界一流城市电网和经济实用的共富型农村电网，按照"一城一网、一乡一策"原则，基于城市功能特点、乡镇资源禀赋，打造安全可靠的目标网架。创新引领配电网转型升级，推动发展业务数字转型，打造以"网上电网、新能源云、互联网＋发展"为核心的数智发展规划体系，推广应用数字孪生配电网智能规划系统。分布式、微电网一体融合升级，推动中低压组网结构向新型柔性互联结构转型。升级配电网防灾抗灾能力，提高局部设防标准，完善重要用户"生命线"通道，提升配电网抵御台风、洪涝、冰冻等自然灾害能力。

（2）新要素友好接纳。

实现分布式新能源、新能源汽车充电设施、新型储能等配电网新要素友好接纳、即插即用，推动微电网集群化、多能化拓展。分布式新能源方面，推动分布式新能源统筹规划，加强可开放容量发布管理，引导分布式光伏科学布局、有序开发、就近接入、就地消纳，做好分布式新能源并网服务，优化新能源并网管理流程，满足分布式光伏 100%便捷接入和高效消纳。充电基础设施方面，超前规划推动新能源汽车进城下乡，合理引导充电设施布局，明确规划点位、建设规模和投产时序，规范车网互动二次系统建设模式。全面做好充电基础设施接网服务，针对城市、公路、乡村充电网络不同特性，差异化制订接网方案，满足新能源汽车充电需求。新型储能方面，推动电源、电网、用户侧储能发展，科学引导电网侧独立储能建设，引导各侧储能有序布局，推进共建共享储能的新模式，加强储能全过程安全管理。微电网方面，管理模式由单个向集群化管理拓展，通过微电网群间电能互济提高用户供电可靠性。

（3）个性化服务权责利共担。

针对新业态差异需求提供多元化、个性化、定制化增值服务，推动完善权责利共担机制，确保微电网、虚拟电厂等主体公平承担系统调节责任。定制化服务新业态方面，强化完善服务机制，对个人用户提供个性化增值服务，对企业提供精准化供电服务，对园区提供高效化用能服务，对新能源汽车提供双向互动服务，对区域提供配电网互联互济服务。完善权责利共担机制方面，公平承担系统调节责任，落实多元主体主动支撑电网、合理配置储能、实现分布式平衡职责。合理分摊新型电力系统成本，体现公网对自发自用用户、微电网等主体的容量备用价值。完善虚拟电厂偏差考核市场机制，推动虚拟电厂技术升级，提高调峰服务质量。

3. 全域服务型数字电网

加强人工智能、高可靠性通信、数字孪生等方面的技术创新应用，服务新型数字基础设施建设，对内推动电网公司管理升级，对外助力社会治理高效，实现数字电网全域服务。变虚拟为现实，推动电网公司管理升级，赋能企业高效治理、电网智能配置，助力社会高效治理，服务能源低碳转型、社会能效提升。全域服务型数字电网如图 3-6 所示。

图 3-6　全域服务型数字电网

（1）建设新型数字基础设施。

统筹汇聚和共享各类数据资源，打造统一坚强的新型数字基础设施，提升"采、传、存、算、图"全链条数字技术支撑能力。最小化精准采集，制订数字设备技术标准和统一接口规范。高可靠通信传输，建设"骨干＋接入""光纤、无线、卫星"技术综合应用的空天地一体化通信网络。大容量信息存储，推进存量数据中心业务向系统建设数据中心迁移。智慧型算力应用，推进人工智能技术与电网业务深度融合应用。多模态"电网一张图"，打造具有"时间—空间—状态"多维度、多时态特征的电网全景视图。

（2）推动电网公司管理升级。

加强数据价值挖掘，发挥数字化引领赋智作用，实现电网链条纵向贯通，电网企业业务横向协同。围绕规建运调营，强化全链条畅通，加强电网规划能力建设，应用"网上电网"，提升源网荷储全边界协同规划水平，依托"新能源云"平台，实现接网项目全流程线上办理。加强基建全过程管理和设备资产精益管理，推动调度控制科学决策，提升营销运营管理水平，实现营销全业务状态实时感知和精准分析。强化数据流通，破除专业壁垒，赋能主网配电网，推动配营调末端融合，促进源网荷储灵活互动，实现人财物等统筹调配，加强多元数据闭环治理与流动。

（3）助力社会治理高效。

充分发挥电力数据准确性高、价值密度大、采集范围广、实时性强等特点，辅助政府科学精准决策，支撑多元市场合理化运行，赋能关联产业转型升级。服务政府科学精准决策，推动国民经济和社会发展，打造"电力看经济"系列大数据产品。支撑国土空间和城乡发展规划，推动电网规划数据与国土空间基础信息平台数据传输与融合应用。服务"双碳"目标与生态文明建设，迭代升级"经济—能源—电力—碳排"4E 平衡发展模型。

助力乡村振兴和共同富裕，推出电力民生指数、发展电力指数等评估指标。服务电力市场体系建设，构建新型交易模式，完善系统功能应用开发建设流程机制，全面实现业务线上化、便捷化。提供智慧仿真技术支撑，构建源网荷储四要素市场模型，支持复杂多元市场场景的智能快速生成。推动碳能电市场协同发展，深化区块链技术在绿证核发、绿电交易等方面应用，支撑交易全流程链上记录、流转、溯源。服务产业链条强化升级，推动发电企业提质转型，引导电网装备制造升级，推进节能降耗绿色转型，以数字化手段支撑"云储能"等新模式发展。

4. 市场政策管理体制机制

加强引动有效市场、支撑有为政府、引领现代管理变革等方面的体制机制创新应用，向电力基础建设赋能。利用技术驱动与利益驱动相互迭代关系，促使电网从争当产业链长向争当生态群主转变，支撑国民经济发展，推动产业转型升级。通过现代企业管理推动三张网生产力升级，通过生产力促进企业与政府、市场内外生产关系演进，紧握有为政府和有效市场"两只手"。市场—政策—管理体制机制建设如图 3-7 所示。

图 3-7　市场—政策—管理体制机制建设

（1）引动有效市场。

构建"统一开放、竞争有序、安全高效、治理完善"的电力市场，做实拟规则、搭平台、建机制、强合规，加快完善市场功能，发挥市场对电力资源配置的决定性作用，推动各方市场主体责权利匹配。构建完善电力市场体系，结合电力市场实践和探索，在不同发展阶段，重点从能量价值、平衡价值、调节价值、容量价值和环境价值五个维度出发，以"五维价值"打造稳定有序中长期市场、竞争充分现货市场、品类齐全辅助服务市场、灵活充裕容量市场、碳能电协同联动市场"五大市场"，以价值驱动赋能系统演进升级。提升新型电力系统核心能力，通过市场激活各侧资源，面向新型电力系统主、配、数三张网的目标资源进行市场化"三融合"，即融合保供与调节资源、融合用户与互动资源、融合数智与价值资源，促进系统时空互补优化、资源有效聚合、成本顺畅疏导。明确浙江电力市场演进路径，结合国家、国家电网有限公司目标及浙江新型电力系统省级示范区建设的三个发展阶段，利用市场分阶段解决重点、难点、堵点问题。浙江电力市场演进路径如图3-8所示。

图3-8　浙江电力市场演进路径

（2）支撑有为政府。

从政策体系、经济制度和产业体系三方面引导和支撑有为政府，形成新型电力系统的共建合力。引导构建权、责、利对等的政策体系，健全电力立法，完善电力条例，明确相关权责界面。强化省地县政策协同，形成自上而下与自下而上相协同的政策互动。强化电力行业监管，构建以信用为基础的监督机制，促进新型电力系统有序建设和规范运行。引导构建财、税、价统筹的经济制度，引导定价趋同，树立"市场发现价格"的认识。引导财税支持，实施税收优惠政策。引导金融创新，加快推进绿色金融制度创新。引导构建专、精、尖一体的产业体系，从集团化、市场化、专业化、规范化四方面加强产业改革。在输变配、光伏运维、抽水蓄能开发、能源数字等优势领域当好链长，强化光伏、储能等上下游产业服务。聚焦新能源隔墙售电、新型主体入市、新能源消纳率优化等热点、难点、堵点问题，构建政策驱动市场主导的生产关系，深化新能源承载力数字化评估，推动出台全省光伏高质量发展等政策，做好接网、结算等服务，以体制改革的"小切口"，推动新质生产力的"大发展"。

（3）引领管理变革。

树立和构建适应新型电力系统的管理机制、管理模式。从资源要素、效率效益、改革创新三个方面革新生产关系。强化资源要素的适配、驱动、固本。模式适配，调整职责的界面、组织的架构、业务的流程、考核的标准；要素驱动，注重知识、技术、管理、数据等新要素投入；强基固本，强调面向基层基础基本功的资源要素投入。强化企业经营的效率、效益、效能。高效率运营，提升能源调配效率、电网运行效率、生产建设效率、营销服务效率、市场运转效率；高效益经营，系统优化经营策略，做大有效资产，做优成本结构，做实新增投资；高效能治理，建立健全党建引领、引资混改、内模市场、业绩考评"四个机制"。强化企业升级的创新、战略、格局。技术创新，推进关键核心技术持续迭代，保障产业全链条自主可控；战略落地，积极打造中国特色国际领先的能源互联网企业的示范窗口；政治站位上，在国家重大领域、关键环节、核心部位持续发挥能源电力央企"顶梁柱"作用。

第四章　电力新质生产力发展与落地实践

加强电网新技术研究与成果转化，强化核心装备技术攻关，开展新型材料、新技术等的前瞻性研究，以技术创新、制度创新为落脚点，"1＋3"体系框架为指导，强化理念统筹、赛道归并、场景聚焦、资源整合，结合资源特质、电网特性和区域特色，分别在坚强主网和新型配网平台、充裕清洁电力供应体系、多元能源电力价格体系、数字浙电、新型调度体系、多元储能发展体系、灵活互动资源利用、全域能效服务、现代设备管理、特色电力市场等十个重点领域打造电力新质生产力，全面提升电力保供能力、电网承载能力、系统调节能力。

第一节　资源配置型坚强主网和高效互动型新型配网

通过主动支撑型特高压柔性直流、"三高"受端电网安全运行控制、新型电力系统防灾减灾、灵活配电系统等技术的创新应用，强化规划引领作用，打造高承载坚强主网架，高质量建设智慧配电网，全力推进安全可靠、灵活智能电网平台建设，打造国家电网有限公司系统"两端最强电网"浙江样板。

1. 强化规划引领作用

加强电网稳定规划计算能力。打造全国首个省级"全电磁仿真＋基于潮流与安全约束的生产时序模拟"规划实验室，专项攻坚交直流大电网短路阻断、惯量支撑和宽频振荡抑制等技术，持续提升大电网安全、经济运行和调节能力。逐年开展2025—2030年电力电量平衡分析，展望2035年浙江用电结构与供需形势，强化大受端电网供需平衡分析。开展全要素输电规划，整合浙江沿海未来亿千瓦级规模的清洁电源集群，支撑浙江清洁能源产业转型与能源结构性互补发展。

2. 打造高承载坚强主网架

完善特高压骨干、优化500kV电网，提升主网配置能力。适应电力发展新形势需要，优化加强电网主网架，补齐结构短板，夯实电力系统稳定的物理基础，保障电力安全稳定供应。全容量投运白鹤滩—浙江±800kV特高压直流工程，2024年7月正式开工建设全国首个送受端全容量特高压柔性直流工程——甘肃—浙江±800kV特高压直流（简称甘浙直流），推进入浙第五直流工程，促进西南、西北能源基地清洁能源高效输入。谋划打通纵向省际互联西通道与横向山海互济中通道，构建特高压双环立体枢纽电网，增强浙江电网在华东区域的枢纽作用。应用省域1000kV/500kV全面解环策略，推进特高压环网500kV分区配套工程，构建分区合理、"强臂强环"的500kV网架。完善典型双环网结构建设，推进电气化铁路的配套工程建设，打造供电可靠、承载高效的220kV电网。

3. 高质量建设智慧配电网

加强网荷互动，提升配电网灵活调节能力。健全配电网全过程管理，制定修订配电网标准，建立配电网发展指标评价体系。应用配电网分层自平衡技术，推动中低压组网结构向新型柔性互联结构转型，持续强化沿海防台风等防灾抗灾措施，实现省市县三级极端灾害风险管控全覆盖，拓展主配微协同调控，筑牢配电网发展基础。应用乡村共富型配电网资源聚合体系技术，打造电网建设一体化和电力服务均等化的共富型配电网，缩小城乡供电差距。推动分布式新能源统筹规划，开展风光水资源丰富区域的配电网差异化建设，完善分布式新能源并网服务，服务分布式新能源发展。应用 V2G 双向互动技术，探索发挥新能源汽车储能特性作用，参与政府充电设施布局规划，完善充电基础设施网络布局，加强电动汽车与电网融合互动，建立健全充电基础设施标准体系。应用规模化灵活资源虚拟电厂聚合互动调控关键技术，探索源网荷储多要素协同互动模式，推进源网荷储协同互动的新型调度控制系统建设，完善微电网、虚拟电厂、负荷聚合商等涉网技术标准和管理要求，规范新型储能、需求响应等调节能力配置原则，强化源网荷储协同发力。

第二节　可靠充裕、清洁低碳的电力供应体系

通过系统友好型新能源汇集、高能量密度光伏发电、跨区跨省互济曲线优化调节、多端嵌入式直流等技术的创新应用，夯实常规电源保供基础，推动新能源科学有序开发，多渠道拓展区外清洁电力入浙，挖潜提升调节

资源保供支撑能力，加快浙江特色保供稳价体系建设，打造国家电网有限公司系统"最稳绿电供应体系"标杆，全力推动建设清洁低碳、安全充裕、经济高效、供需协同、灵活智能的电力供应体系。

1. 夯实常规电源保供基础

优化建设煤电、气电，加快推动核电发展。探索与新型电力系统发展相适应的新一代煤电发展路径，研究未来煤电向应急备用和调节电源转型策略，推进新增清洁煤电建设，开展煤电灵活性改造，推动百万千瓦级煤机节能提效改造，推动兜底保供煤电建设。推进调峰气电按期并网，完善气电协调机制，强化气电顶峰调峰能力建设。加快推动规划核电前期核准，打造沿海核电基地，开展沿海核电接入特高压交流环网输电规划，研究核电调峰机制，推进核电发展建设。建设保供增供重大项目，破解电力供应紧缺和过剩交替问题，促进绿色低碳发展和能源保供稳价要求加速落地。

2. 推动新能源科学有序开发

大力支撑风光等新能源开发建设。适应新能源快速发展需要，有序安排各类电源投产，同步加强送受端网架，提升送端功率调节能力，有效提高在运输电通道新能源电量占比。开展浙江集中式光伏规划研究，开展沿海滩涂光伏大规模接入系统方案研究，推进整县（市、区）屋顶分布式光伏规模化开发，深化分布式光伏出力预测，加强电网配套设施建设，服务集中式与分布式光伏并举发展。规范分布式光伏全链条管理，拓展国网新能源云平台功能，实现资源普查、承载分析、消纳评价、风险评估等业务"一站式服务"。建设浙江海上风电基地，探索利用专属经济区发展深远海海上风电，编制浙江海上风电输电规划，推动老旧风电场技术改造，推进大规模海上风电规划布局。应用能源汇集与多站合一技术，研发风光储协同控制系统、构网型储能等新型装备，建设 500kV 能源集成站。

3. 多渠道拓展区外清洁电力入浙

全力保障区外清洁电力供应。应用特高压柔直技术，推进甘浙直流建设，研究入浙第五回直流可行性与外来电参与调峰方案。应用跨区跨省互济曲线优化调节技术差异化制订外来电策略，开展长三角电力互济置换合作，扩大省间调节资源共享范围，完善省间电力互保互济和区域协同互补机制。

4. 挖潜提升调节资源保供支撑能力

充分发挥各类储能调节能力。深化抽水蓄能需求论证和抽水蓄能输电规划研究，推动大型抽水蓄能和混合式抽水蓄能建设，完善配套机制。探索多能互补发展模式，联合抽水蓄能，推动火电等传统电源与远近海风、光伏、核电等清洁能源形成互补发展集群。研究浙江储能规划，推动"新能源＋储能"的发展模式，支撑出台新型储能相关管理规范，促进新型储能多元化科学发展。

5. 加快浙江特色保供稳价体系建设

完善保供稳价机制策略。动态优化全类型电源购电策略，开发统调煤电机组发电潜力，增购低价平价新能源和绿电，优化气电协调机制，完善外来电采购策略，制订高价资源稳价策略。增强发电气源气价保障，配合政府优化各类电源计划定价机制，构建居民电价新增交叉补贴疏导模式，配合完善保供稳价支持政策。深入践行"电等发展"重要嘱托，在安全保供、新能源发展、价格体系等政策机制上持续取得进展，支撑经济社会高质量发展。打造现代供电服务体系，推动城乡高品质、均等化供电，服务浙江高质量发展建设共同富裕示范区。

第三节　科学合理的多元价格体系

完善清洁经济的上网电价体系、科学独立的输配电价体系、绿色互动的销售电价体系、激励创新的储能价格体系，营造全社会生态共建、低碳共享、成本共担的政策与市场环境，支撑能源绿色生产和消费体系。

1. 完善清洁经济的上网电价体系

完善电力市场体系。有序推动风电、光伏通过市场交易形成上网电价，配合优化省内水电定价机制，巩固优先保障居民农业用电机制，优化零碳电源价格机制。推动建立容量电价补偿机制，支撑地方火电通过市场化交易形成上网电价，完善一、二次能源价格传导机制，完善传统火电价格机制。支撑价格主管部门动态完善省间、省内市场交易价格上下限，推动健全各类市场价格机制和结算模式。深化碳—电市场价格机制与结算模式研究。

2. 完善绿色互动的电价体系

完善分时电价机制，拓展电力需求侧响应和企业错避峰的补贴资金来源，强化负荷侧电价政策赋能效用。研究构建电动汽车充电分时电价机制，探索电动汽车向电网反向送电的价格机制，优化代理购电价格预测和损益清算机制。

3. 完善激励创新的储能价格体系

落实完善储能价格政策机制。执行国家核定标准向抽水蓄能电站结算容量电费，完善配套市场价格机制和结算模式，推动抽水蓄能电站参与各类市场交易，落实国家抽水蓄能价格政策。研究独立储能电站和电网替代性储能配套价格机制，探索新型储能容量补偿和充放电损耗的市场化疏导渠道，拓展储能商业运营模式和应用场景，研究储能参与市场的结算模式和费用分摊机制，研究氢能配套价格机制，研究新型储能健康发展的价格机制。

第四节　需求导向的"数字浙电"

通过电力通信量子、新型电力系统数字孪生等技术的创新应用，打造技术底座，构建能源大脑，完善关键支撑体系，充分发挥数字化引擎、引领、赋智、赋能作用，高质量建设"数字浙电"，打造国家电网有限公司数字化转型示范。

1. 打造技术底座

加强数据全寿命周期服务水平。统筹数据中心发展需求，科学整合源荷储资源，开展算力、电力基础设施协同规划布局。优化物联管理平台架构，推进终端接入协议适配性改造，推动重点领域增量终端接入。推进云平台及重要业务应用的异地灾备建设，形成"算力＋连接＋智能"融合统一的边缘计算能力，构建研发运维一体化机制，增强平台层算力。全面深化能源大数据应用，部署生产模拟系统，建成电能碳全要素协同的节能降碳管理平台，率先形成体系化碳计量标准和碳效评价体系，助力建设节约低碳型社会。深化数字化智能化赋能，探索"营配调"融合式网格化规划新模式，打通数据壁垒，加快建设多维多态"电网一张图"。

2. 构建能源大脑

深化海量资源感知，提升智慧决策能力。推动孪生资源的统一管理和共享，形成场景搭建工具链，完善数字孪生中心运营机制，构建企业级数字孪生中心。构建具备"自感知、自学习、自适应、自组织"的人工智能技术链条，打造企业级人工智能中心。研发面向不同场景的决策规则，构建专业典型智能化应用场景，依托人工智能中心、数字孪生中心和专业（区域）决策中枢构建企业级全域决策中心。

3. 完善关键支撑体系

推动企业级核心系统建设。优化数字化技术架构管控体系，组建数字化架构管控团队。构建横向跨专业、纵向跨层级的数字化运营监控体系。构建数字技术创新体系，深化数字技术应用，改造提升传统业务，拓展新模式、新业态。健全企业数据治理体系，提升业务应用数据模型的标准化程度，建立地市级数据字典。统筹网络安全防护能力建设，强化全场景网络安全防护，完善数据安全防护能力，深化网络安全合规管理与攻防对抗。

第五节　安全经济、智慧高效的新型调度体系

通过新一代大电网智能调度与控制、新型潮流控制、先进抽水蓄能、燃煤机组高效利用和灵活性改造、多时间尺度碳电协同市场机制等技术、机制的创新应用，构建电网综合防御体系，发挥灵活性调节资源潜力，服务多元化新业态发展，推动调度管理模式转型升级，增强调度数智通信技术水平，打造"调度体系转型升级"浙江样板，服务浙江电网安全稳定运行和电力可靠供应。

1. 构建电网综合防御体系

全面提升电网安全防御水平。建立和完善电网"三道防线"全景监视系统，构建新型电力系统仿真模型，构建新型电力系统运行机理认知与故障防御体系。应用分布式潮流控制器 DPFC、低频输电等技术，提升电网运行方式灵活性与可靠性，深化电网方式计算智能辅助工具研发应用，提升新型电力系统运行控制能力。构建典型区域电网全电磁模型，优化电网三道防线功能协同配合，研究电力系统快速保护新原理，建立新型电力系统控制保护体系。应用网络安全多级阻断技术，强化电力监控系统网络安全应急处置能力，推进可信验证与防恶意代码组件部署，深化电力监控系统网络安全态势感知能力建设，增强电力监控系统网络安全防御。

2. 发挥灵活性调节资源潜力

强化电网多元化调节能力。适应大规模高比例新能源和新型主体对电力调度的新要求，全面推进调度方式、机制和管理的优化调整。应用新能源发电预测、规模海上风电集群全天候预测预警等技术，开展海上风电功率预测，试点建设分布式光伏密集区域电力气象监测站，开展调控云平台电力气象综合服务模块部署，构建新能源出力预测体系。应用考虑配电网有源化的电网负荷预测等技术，构建省地县协同的负荷预测体系。开展电网空调负荷和需求侧响应特性分析，推动现有火电机组灵活性改造，探索非统调火电、核电机组和外来电力共同参与电网调峰，推进大型抽水蓄能电站建设及柔性（中小型）抽水蓄能电站试点建设，探索集中式储能和分布式储能协同运行，开展"新能源+储能""共享储能"等新模式应用，提出新型储能的典型应用场景和调度策略，丰富源网荷储灵活性调节资源。应用多能互补、协同优化的新型电力电量平衡技术，开发分层分区的多场景多能互补协同控制模式，形成多时间尺度、多电压等级、多聚合形式的源网荷储资源池，构建支撑海量资源调度的技术支持系统，构建一次和二次能源综合、源网荷储协同的调度平衡体系。

3. 服务多元化新业态发展

支撑各类调度对象友好发展。探索应用主配微网协同的新型有源配电网调度模式，通过完善市、县级电力调度机制，强化分布式资源管控能力，提升配电网层面就地平衡能力和对主网的主动支撑能力。应用分布式电源辨识与等值建模、分布式电源集中式调控等技术，推进分布式电源主动支撑能力有效落地，提升电网运行弹性，完善调管业务流程，制定储能、虚拟电厂等新型调度对象管理规范，推动分布式光伏并网标准修订，建设储能、虚拟电厂等新型主体的管理平台，开展新型调度对象并网运行全流程管控。配合制定新能源、抽水蓄能、储能和负荷聚合商等参与电力现货市场交易机制，推进电力用户接入市场，推进电力现货连续结算试运行，深化现货市场技术支持系统建设，推进新型电力系统与电力现货市场建设有效衔接。研究多时间尺度碳电协同市场机制，推动第三方独立主体参与电力市场，开展新型电力系统的电力市场设计，构建煤、气、核、新能源协调发展体系。

4. 推动调度管理模式转型升级

构建新型智慧调度体系。应用应急调度技术，建立极端天气下的调度应急响应体系，推进源网荷储全链条调度模式统一指挥，推动业务执行方式由刚性转变为刚柔互补，构建统筹高效、深度融合的省地县三级调度组织体系。构建运行感知、决策、控制、评估体系，优化日内实时运行策略，强化机组缺陷管理，加强地县可调资源管理，开展电网实时运行智能后评估，建立理想调度后评估体系。构建新型有源配电网调度体系，开展地区主配一体技术支持系统配网调度功能建设，推进新型有源配电网智慧调度管理平台建设。

5. 增强调度数智通信技术水平

提升调度可靠智慧通信能力。应用电网调控人工智能技术，构建具备全新架构特征的调度控制决策中枢，构建"云—边—端"协同的分布式电力电量采集分析系统，打造"SCADA＋云"数据融通体系，构建新型电力系统智慧调度支撑体系。优化变电站二次系统整体架构，深化设备大数据智能分析与辅助决策功能应用，推进自主可控及新型电力监控系统网络安防建设，推进新一代变电站二次系统和电网设备运行大数据分析系统建设。补强通信光缆网架，开展接入网光缆规划建设，构建新一代卫星通信网，建设一体化通信 SCADA 系统和新一代通信管理系统，建设坚强可靠灵活的一体化电力通信网。

第六节　多元储能科学开发格局

通过新型储能、新能源租赁储能容量价格机制、分时电价动态调整机制等技术和机制的创新应用，加强储能规划引领，健全储能相关制度体系，完善储能政策机制，引导促进储能有序健康发展，更好服务新型能源体系先行省建设。

1. 加强规划引领，促进新型储能有序发展

全面支撑新型储能规建运营。提前谋划、合理布点多元化新型储能，发挥配电网多要素主动支撑调节作用。围绕不同应用场景对爬坡速率、容量、长时间尺度调节及经济性、安全性的需求，探索建设一批多种技术路线的储能电站。明确新型储能应用场景与功能定位，提出新型储能发展空间与需求，开展新型储能电力保供支撑能力分析评估，探索新型储能发展路径。配合政府开展"十五五"新型储能发展规划中期评估和示范项目绩效评估，修编"十五五"新型储能规划，推动出台新型储能统计行业标准，

统筹保供电源、电网设施、需求侧响应与储能的协同规划，开展新型储能统筹规划。推动各类主体投资建设电网侧独立储能电站，研究电网侧储能规划布局原则及选址定容方案，引导电网侧独立储能发展。应用新能源与氢电耦合发展、规模化储能系统集群智能协同控制技术，研究探索分散式储能设施聚合利用，推动建立新型储能评价指标体系，动态优化新能源配建储能比例要求，引导共享型独立储能科学布局，促进源网荷储协同发展。

2. 健全制度体系，强化新型储能规范管理

加强新型储能接入、调度、安全管理。开展用户侧储能系统并网技术要求研究，制定用户侧储能系统并网技术标准和服务管理细则，开展营销系统用户侧储能并网服务流程设计，完善用户侧储能接入管理制度。制定分级并网调度协议，研究用户侧储能分时、分域、分级调度运行策略，优化储能运行管理规范，建设电网侧储能项目运行监测与评价平台，构建全方位检修体系，优化储能调度管理制度。完善电网企业新型储能安全生产管理制度体系，深化储能电站安全技术研究，加强储能信息接入、涉网性能检测、实时监测等管理，健全储能安全风险评估和防控机制，建设储能检测认证服务平台，健全新型储能安全管理制度。

3. 完善政策机制，引导新型储能健康发展

健全新型储能配套相关体制机制。通过合理的政策机制，引导新型储能电站的市场化投资运营。配合制定新型储能项目管理暂行办法，协助出台新能源发电项目配置储能的政策性文件，研究电网侧储能规划布局原则，支撑政府出台有关指导意见，完善储能相关政策配套。研究在现货市

场试运行中引入独立储能等新型主体，完善独立储能参与中长期市场、现货电能量市场和辅助服务市场的市场机制，健全储能市场化交易机制。配合出台储能容量租赁价格机制，完善辅助服务品类和价格机制，研究建立分时电价动态调整机制，强化市场价格信号对储能有序发展的引导。

第七节 需求侧灵活资源智能互动体系

通过智慧车联网互动、智能微电网、分布式资源聚合与协同控制、连续性常态化交易机制等技术和机制的创新应用，强化负荷资源管理，健全负荷管理体系，深化系统平台建设，细化政策标准体系，打造国内领先的精细化、数字化、市场化需求侧管理体系样板，全面构建需求侧灵活资源互动体系。

1. 强化负荷资源管理

深化构建需求响应资源池。依托新型电力负荷管理系统，建立需求侧灵活调节资源库，优化调度运行机制，完善市场和价格机制，充分激发需求侧响应活力。完善负荷资源管理机制，深挖负荷资源调控潜力，构建负荷资源一户一档，开展负荷资源排查。加强负荷数据线上稽查和线下核查，落实不同场景、类型、时间尺度的负荷管理要求，健全负荷资源管理与潜力分析长效机制，推进分路负荷接入和能力核验，完善负荷资源精细管理。应用车桩联网智能管理、分布式光伏群控、微电网集群控制等技术，开展虚拟电厂、负荷聚合商等多种负荷聚合模式应用，深化新型智慧能源单元应用，开展可调可控负荷建设，制订分轮次接入方案，完善负控装置运行维护管理，挖掘灵活互动资源。

2. 健全负荷管理体系

提升负荷管理专业化水平。建立健全工作管控制度与系统运维管理体系，供需平衡期间，加强电力供需平衡跟踪、负荷管理方案编制与演练等基础性工作；供需紧张期间，强化与政府部门、调度部门联合值班机制，完善负荷管理制度体系。推进省—市—县负荷管理中心实体化运营，组织开展多级视频指挥监控体系建设，深化业务管理实体化运行。开展知识、技能培训，优化设置负荷管理专业工种纳入技能培训和等级认定，组织开展技能竞赛、调考和比武，加强负荷管理专业能力建设。

3. 深化系统平台建设

完善需求响应平台应用。优化负荷管理基线算法，研发用电指标管理模块，完善系统管理驾驶舱，试点打造虚拟电厂、移峰填谷等特色应用，升级一键响应模式。应用无感负荷调节挖潜技术，打通能源大数据中心政务专线交互渠道，完善"网上国网"App、"i 国网"App 等微应用服务，深化空调负荷应用。开发上线省级负荷管理云个性化功能和移动端应用，探索负荷管理云建设。

4. 细化政策标准体系

推进需求响应健康发展。结合电力保供、新能源发展等需求，建设一批虚拟电厂，建立健全虚拟电厂技术标准体系，完善虚拟电厂的市场准入、安全运行标准和交易规则，常态化参与系统调节。推动第三方独立主体参与电力辅助服务市场试点运行，构建以空调管控为基础的需求侧管理机制，配合各级政府出台建设运营补贴政策，完善需求响应政策保障。完善需求侧管理平台、终端、通信等的技术标准，协助制定中央空调等典型负荷设备接口标准，引导出台家用电器需求响应标识，推动技术规范标准建设。

第八节　全域能效服务体系

通过电能碳协同评估、综合能源协同高效运行、终端用能电气化与互动高效运行、"省—市—县"三级能效诊断管控机制等技术、机制的创新应用，服务政府能效治理，开展节能提效行动，打造能效服务体系，加强技术创新引领，健全服务组织体系，打造"多方协同联动、多领域能效提升、全链路服务、全要素支撑"的全域能效服务体系，全面提高能效服务质效，推进全社会综合能效提升。

1. 支撑政府能效治理

提升全社会能效水平。服务高耗能企业能效诊断，编制纺织行业能效分析报告，推动企业开展节能降碳技术改造，支撑政府重点行业能效诊断。应用基于电力大数据的企业信贷评估体系技术，配合出台节能产品税收优惠、节能补贴等相关政策，建立完善科学的企业碳资信评价指标体系，落实金融支持绿色低碳发展专项政策，推动能效标准制定，研究制（修）订能源标准，配合节能政策和能效标准制定。建立地区整体能效评价指标，研究能源利用的数据分析算法和建模技术，挖掘多维能效数据价值。

2. 开展节能提效行动

助力企业降本增效。应用电力碳排数据利用与碳效提升技术，开展重点工业企业能效分析，构建通用设备档案库，聚焦行业重点工艺工序开展专项能效诊断，研究梳理能效提升措施，打造能效提升示范。开展公共机构能效诊断服务，建立建筑楼宇能效评价体系，构建在线能效评价模型，形成建筑楼宇能效码；深化公共机构节能降碳管理驾驶舱，完善浙江公共机构名录库，强化公共机构节能成效评价；构建节能项目全过程监督机制，推动建筑楼宇节能提效。深化光储监测、运营等服务平台建设，汇聚社会海量离散资源，加强分布式光伏全生命周期管理，拓展绿电聚合交易渠道，推动光伏储能高效利用。

3. 打造能效服务体系

丰富能效服务内容。基于省级智慧能源服务平台开发能效诊断、客户能效档案等模块，收集能效诊断设备信息建立通用设备和工艺设备分类档案库，构建能效诊断应用与设备档案库。健全供应商、企业用户入驻流程，建立供应商和用户档案库，构建供应商、企业、政府和电网公司等相关方的合作机制，打造集成政策咨询、需求收集、落地实施等多环节服务的信息交互平台，建立能效服务成效评价规则，打造综合能效服务生态圈。构建具备自学习迭代能力的算法模型，建立常见能效问答知识库训练问答引擎，探索基于人工智能的能效服务新模式。

4. 加强技术创新引领

示范引领低碳能效提升。开展新兴负荷能效提升技术研究，推动"首台首套、首面首域"重大成果培育，深化能效实验室运营，强化能效技术创新示范。应用园区综合能效提升体系技术，建设多能联供、高品质余能资源利用等工业能效示范工程，打造"零碳园区"综合示范，构建多要素集合低碳转型园区示范，增强工业领域能效提升示范引领。推进公共机构数智低碳改造，打造公共机构多维节能降碳示范，创建"零碳"政府公共机构县域示范，实施以"轻量级"为特征的绿色智慧低碳楼宇改造，创建绿色低碳办公楼宇示范区，推进建筑楼宇节能提效示范应用。

5. 健全服务组织体系

体系化推动能效服务专业化水平提升。建立"省—市—县"三级能效诊断管控机制，建立示范工程实施管理办法，制订综合能源服务示范项目管理办法，完善平台运营运维管理办法，明确职责分工和运营机制，建立能效服务管理体系。构建"支撑单位专家、地市单位专职、基层单位专员"能效服务人才金字塔，建立能效服务"学习—实操—考核"全流程培训机制，开展"供电＋能效服务"技能培训，打造业务培训体系。

第九节　本质安全、智能高效的现代设备管理体系

通过人工智能＋、新型短路电流控制、构网型电压支撑等技术的创新应用，通过体系建设、安全管理、电网运维、配网智能、设备质量、运检

质效六个维度的全面提升，构建新型设备管理体系，打造电网企业新型设备管理策源地，推动设备管理再上新台阶。

1. 体系建设提升行动

夯实设备管理基础，助力设备运行提质增效。探索适应新型电力系统的设备管理理论，完善价值管理方法和工具，优化资产管理策略，试点建设设备管理星级示范企业，深化理论创新与实践。统筹知识、技术、数据等新资源要素，不断提高体系建设实效，加强宣传引导，选树标杆典型，强化各类要素保障。

2. 安全管理提升行动

推进特高压精益管控，保障外来清洁能源供应。多维分析特高压设备运行情况，制订防止设备异常的管控要点，挖掘检修工艺管控和运维注意事项，加强特高压设备安全管控。落实安全管理重点措施，推进政企协同联合防控机制，推进输电通道风险评估治理，强化高压电缆及通道分级管控，开展电缆状态多手段智能诊断和通道实时监控，完善重要输电通道运维保障。开展季节性排查和专项排查，健全"一患一档"管理，动态管控重点隐患清单，拓展主网带电作业应用场景，推进隐患排查治理。

3. 电网运维提升行动

强化大电网设备运维，助力清洁能源平衡配置。开展变电主、辅设备运行可靠性提升专项行动，加强变压器、互感器等设备防爆机理研究，推进高爆燃风险设备改造，构建设备防爆三道防线，提升主设备健康水平。

应用高遮断电流断路器、大容量高可靠绝缘电缆等设备，推进变压器等主设备增容改造、抗短路能力提升改造，开展老旧、载流能力不足配套设备改造，开展输电线路动态增容技术应用，推进变压器、线路增容和抗短路能力提升。应用 SVG、DPFC 等动态无功补偿技术，按照分层分区、就地平衡的原则，实施无功设备优化配置，推进缺额改造，实施供电电压全面监测和主动管理，制订差异化治理方案，加强动态无功电压管理。加快技术能力与基础能力建设，发挥台风中心职能，强化业务联动，畅通数据信息，提升气象服务能力。

4. 配电网智能提升行动

提升配电网智能水平，推动多元化分布式发展。通过柔性新技术新装备应用，增强配电网络状态感知能力建设，构建"标准化网架为基础，新型组网形态为补充"的坚强智能网架，进一步形成现代智慧配电网骨干网络。开展基于"最小精准感知＋系统计算推演"的低压配电网透明协同互动能力建设。完善配电网数字化平台及信息系统基础设施，开展配电网系统平台升级，增强现代智慧配电网数字管控。深化营配调信息贯通、业务融合，构建配电运营支撑保障大后台体系，进一步形成现代智慧配电网运营体系。

5. 设备质量提升行动

加强设备质量管理，助力电网设备安全稳定运行。推进新建工程、重大技改工程项目制管理，落实设备主人制，开展资产分析和效益分析，优化设备购置、检修投入投资策略，深化技术监督体系建设。落实特高压工程建设各环节技术监督，强化监督项目部职责，开展工程设计、设备制造、安装调试等关键环节监督，加强特高压在运设备检修、改造监督，强化特高压技术监督。完善设备技术符合性评估认证体系，健全两级设备供应商运行绩效评价机制，加强设备质量源头管控。

6. 运检质效提升行动

增强电网故障检修能力，保障用户可靠供电。建设机巢"网格化"全自主巡检模式，拓展无人机在线路验收、辅助检修等多场景应用，深化无人机规模化应用。应用全地形不停电作业技术，推动不停电作业覆盖配电网各电压等级，建立以不停电作业为核心的配电网检修新机构，拓展"机器代人"实用化程度，推广配电网不停电作业。应用无线物联传感器、数字化表计等技术，部署换流站无线物联网关和感知终端，推进数字特高压变电站、数字化换流站建设，强化配电网透明化管理，构建配电网数字化管控体系，推进重要节点"三遥"功能建设改造，推动设备数字化升级。

第十节　新型电力市场

通过新型电力系统经济、新型电力市场建模、新型市场主体参与机制、第三方辅助服务市场与现货市场的衔接机制、绿电交易机制等技术和机制的创新应用，推动完善市场规则体系，持续深化市场建设运营，构建适应能源转型的交易机制，健全市场管理机制，形成竞争充分、开放有序、健康发展的浙江电力市场体系。

1. 推动完善市场规则体系

健全"1 + N"规则体系。配合浙江省能源局做好《浙江电力现货市场基本规则》的编制修订，形成"1 基本规则 + N 实施细则"的规则体系，完善电力市场规则体系。推动省内电力现货市场正式运行，助力构建全面市场规则体系。加快中长期市场与现货市场相衔接，提升跨区市场交易能力，推动健全电价形成机制，促进能源转型成本市场化疏导，着力推动能源安全、经济、绿色"三元矛盾"最优平衡。

2. 持续深化市场建设运营

完善电力市场运行机制。推进双边现货市场模拟和调电试运行，引入用户侧和非统调燃煤机组参与双边模拟，推动现货市场长周期结算试运行启动，推动独立储能等新兴主体参与现货市场，探索考虑碳排放影响因子的碳电联合优化，推动现货市场长周期运行。推动电力辅助服务市场建设，配合能监办深化第三方独立主体参与辅助服务市场建设，推动可控负荷、储能、虚拟电厂等参与第三方辅助服务市场，完善现货电能量和调频市场联合出清机制，探索第三方辅助服务市场与现货市场的衔接机制，开展爬坡等辅助服务新品种研究，探索建立多元化辅助服务市场交易机制，深化辅助服务市场建设。

3. 构建适应能源转型的交易机制

推动多方主体参与市场交易。协助出台保障政策或激励性政策，引导扩展用户侧绿色用能需求，配合政府部门完善绿电结算机制。研究新能源、独立储能、负荷聚合商、虚拟电厂等灵活调节资源参与市场机制，提供现货市场、辅助服务市场等完整市场场景，健全新型市场主体聚合关系管理、计量计费方式等管理机制，引导各类新型市场主体规范参与市场。聚焦系统效率与社会效益双提升，推动市场主体联动协作，优化完善各类新主体市场化属性定位，健全各类生产要素流动机制。

4. 健全市场管理机制

加强市场运行风险防控。提高现货市场合规水平，配合政府完成技术支持系统第三方验证，加强应急调度合规管理，编制完善跨区电力应急调度浙江购电交易实施细则，提升市场风险管控能力。健全信息披露制度，促请政府部门完善电力市场信息披露规则，建立信息沟通机制，加强信息披露流程管理，推进信息共享与披露。

5. 建立适应市场需求的服务机制

提升优质服务能力。建立现货市场运营管理办法，健全市场化工作例会制度，建立市场分析会商机制，完善市场方案和运行机制，建立健全制度标准。推进业务流程和数据全面贯通，完善系统功能应用开发建设流程机制，优化提升平台高并发性能，开展市场注册、中长期交易、现货交易、零售交易、市场结算、信用评价等功能优化，推动移动端应用，优化交易业务流程。

6. 增强匹配市场建设的支撑能力

完善市场化业务系统和平台功能，开展现货市场运营全流程各项功能完善升级，推动技术支持系统第三方验证评估，提升技术支撑能力。应用新型电力系统及电力市场运行边界及时序数据自动生成技术，构建考虑源网荷储四要素的市场模型，提升电力市场全业务流程仿真能力，开展系统运行和市场运营联合仿真推演技术研究，强化仿真能力。构建涵盖能源转型、数字智能等浙江特色投资问效体系。深化新型电力系统经济性专项研究，构建系统成本穿透、经济测算等仿真模型，解决业务成本测算分析和投资质效评价难等问题，为电力领域市场化改革提供经济分析基础。

后　记

　　绿色低碳是全面推进美丽中国建设的必由之路，是人类能源变革的最新命题和永恒话题。站在碳达峰碳中和的时代坐标上，新型电力系统建设已然成为全国乃至全世界的历史使命。站在电力新质生产力的发展浪潮上，这条通向清洁低碳、安全充裕、供需协同、经济高效、灵活智能的新型电力系统建设之路，仍充满技术突破、制度创新、模式重构的重重挑战。

　　浙江作为新型电力系统省级示范区，坚持以电网规划作为服务电力新质生产力落地的重要保障、坚持以示范创新作为驱动电力新质生产力发展的重要引擎、坚持以机制破局作为补全电力新质生产力短板的关键举措，持续深化电网转型发展中能源电力领域技术突破、生产要素高效配置和产业深度转型升级等关键问题研究，贯通规划到计划、建设到后评价与国际对标的全链条，让电力新质生产力发展真正立足于"破难题、补短板"的实际需求，落脚于"好用、实用、易用"的朴实特征，腾飞于"自主创新、奋勇争先"的勇气担当。

　　每一次创新技术的突破、每一个自主品牌的研发、每一个示范应用的落地，都在为电力新质生产力发展注入新的动能。"道阻且长，行则将至"，浙江电力将牢记使命、久久为功，践行"三先三实、勇立潮头"精神，继续奋力构建省域新型电力系统，持续推动能源低碳转型和电网高质量发展，为美好生活充电，为美丽中国赋能。